我在企业四十年

宋志平　著

山乔 绘

中国财富出版社

图书在版编目（CIP）数据

我在企业四十年 / 宋志平著；山乔绘 . —北京：中国财富出版社，2019. 9（2021. 12 重印）
ISBN 978 - 7 - 5047 - 6912 - 1

Ⅰ. ①我…　Ⅱ. ①宋…　②山…　Ⅲ. ①宋志平—生平事迹—画册　Ⅳ. ①K825. 38 - 64

中国版本图书馆 CIP 数据核字（2019）第 101012 号

策划编辑　杜　亮　　**责任编辑**　张红燕　郑晓雯
责任印制　尚立业　　**责任校对**　卓闪闪　　**责任发行**　董　倩

出版发行　中国财富出版社
社　　址　北京市丰台区南四环西路 188 号 5 区 20 楼　　**邮政编码**　100070
电　　话　010 - 52227588 转 2098（发行部）　　010 - 52227588 转 321（总编室）
　　　　　010 - 52227566（24 小时读者服务）　　010 - 52227588 转 305（质检部）
网　　址　http://www. cfpress. com. cn
经　　销　新华书店
印　　刷　宝蕾元仁浩（天津）印刷有限公司
书　　号　ISBN 978 - 7 - 5047 - 6912 - 1/K · 0226
开　　本　889mm × 1194mm　1/16　　**版　　次**　2019 年 9 月第 1 版
印　　张　15　　**印　　次**　2021 年12月第 2 次印刷
字　　数　241 千字　　**定　　价**　59. 00 元

谨以此书献给北新建材建厂四十周年。

忙碌的蜜蜂没有悲哀的时间。

—— 笛卡尔

目录

第五章 双料董事长 156

第六章 新的舞台 188

第一章 智慧海

01 走出校门

人生总会有这么一段青涩的时光，如今的我也会不时回忆起刚工作时的情景，也常把悟出的道理分享给年轻人：“人的心境是很重要的，好的心境有助于你做出正确的决定，差的心境则会导致你做出错误的决定。”

01

1979年8月，邓小平同志视察紫竹院新型建材样板房时提出要创建北京新型建筑材料试验厂。

02

国家建材局为工程塑料做准备，把当时就读于河北大学化学系高分子材料与工程专业的我分配至北新厂。

03

在一个周末，我作为学校唯一被分配进京的学生，怀揣梦想与激情，从河北保定抵京，对陌生的工作及未来充满着期盼。

04

北新厂位于西三旗，我不熟悉北京，便猜测是坐落在市区的高级办公楼。雇的三轮车司机却告诉我路途遥远，我没多想便上车了。

05

三轮车在北京的街道上一路向北驶过市区，颠簸许久后转进郊区土路。两边都是庄稼地，迎面还不时驶来拉砖的马车。

06

不知在田间行驶了多久，三轮车终于在一处玉米地外停下，里面围着几栋木板房。我有点失落地走进农田中的目的地。

07

报到时又挨了顿埋怨。随后，我在满是蚊子的小院里干等到傍晚，才被通知可以住到临时活动板房搭的招待所里。

08

此时，我已无抵京时的激动，躺在床上琢磨明天回校申请调换分配！那天晚上，我连行李都懒得拆开便草草睡了。

09

次日清早，厂里前辈牛永芳带我去颐和园散心。我在万寿山最高处智慧海登高远望，整个昆明湖尽收眼底，顿时豁然开朗。不久，厂里成立生产准备科，牛永芳任科长，我则是科里最年轻的科员。

10

偶然间，我从报纸上读到冰心老人用西方思想家笛卡尔的名言“忙碌的蜜蜂没有悲哀的时间”当座右铭，于是决定也用它当人生的座右铭，激励自己在岗位上努力工作。

11

厂里又陆续从全国各地高等院校调来不少毕业生。在帮农时，我又结识两个新伙伴，一位回族同学叫李谊民，一位壮族同学叫邓玉庭。随后，我们三人被分配至同一宿舍成为室友。

12

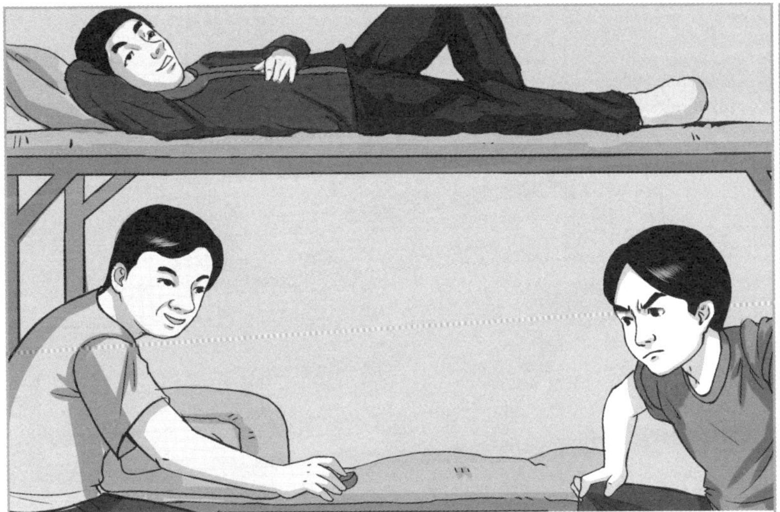

李谊民工作很踏实，邓玉庭人很聪明，会下盲棋，他躺在床上让李谊民帮他挪动棋子都能赢我。我输棋生气时他俩就会哄我，还开玩笑地说要和少数民族的同事搞好团结。

13

后来，我们被派往太原和沈阳实习。我在沈阳的同行领导叫冯菊莲。她工作认真负责，经常在生产一线奔波。相比之下，我却提不起劲头，总在一旁茫然地看别人干活。

14

一天下班后，冯老师教育我不要带着杂念上班，工作要专时专用、一心一意。这番话彻底让我不再纠结，铭记至今……

15

若干年后，无论是智慧海的启迪还是前辈的谆谆教诲，我常把这段内心深处的起伏，当作礼物分享给刚出校门的年轻人。

16

02 出国培训

小时候读《钢铁是怎样炼成的》，书中的励志格言曾让我热血沸腾一生难忘，保尔也自然成了我崇拜的偶像。

01

工作后，我还保持着学生时的读书爱好。每天晚饭后，都会在办公室读两小时的书。为了巩固英语水平还会去借阅国外的建材书籍，白天工作之余也在静静地读书。

02

此时，厂里赴瑞典、南斯拉夫（现塞尔维亚共和国）岩棉培训团名额富裕，在发愁人选时，碰巧任副厂长看到我在阅览国外资料。他便向厂里提议，“不如就选他吧”。

03

出国前要先接受外事纪律和技术合同的培训，团员们被安排到国家建材局所属的地质公司招待所内进行集中培训。我幸运地成为团里年龄最小的团员。

04

培训期间，我还偷溜出去看了场电影，回来时被副厂长兼出国培训团团长杨文惠撞见。杨厂长是主抓培训的政工干部，这事让他火冒三丈，教育了我一番。

05

国家出钱为团员购置出国行头。裁缝师傅为我量尺寸时笑话我是小溜肩、小驼背。全都置办妥当，我着装后像变了个人似的，神采焕发。用大家的玩笑话说，“还真变得人五人六的”。

06

工作后身边总在发生新鲜事，随着熟悉北京的生活，我也渐渐喜欢上自己的工作。培训很快就结束了，在这一个月内，我系统地学完岩棉生产线的技术知识。

07

1980年5月下旬，岩棉出国培训团终于启程。行程是从北京乘民航飞机飞往莫斯科，再从莫斯科转机飞往瑞典首都斯德哥尔摩，最后在哥德堡着陆。在那里实习一个月后，再去南斯拉夫的贝尔格莱德实习一个月。

08

厂领导都来机场送行，任厂长单独把我叫出来训斥一通。事后杨厂长悄悄透露，是他告的状：“就是你推荐的这小伙子犯自由主义，工作时间去看电影。”

09

我们搭乘的飞机是当时国航最大的机型伊尔－62客机。整架飞机只有培训团一行人。由于人少座位多，我们可以把座位中间的扶手竖起来，连成一张床躺在上面休息。

10

团里有两位比我大一岁的姐姐，一路上一直照顾我。一位是英语翻译张淑芳，福建人；一位是学自动化的胡萍，安徽六安人。在7个半小时的飞行中，我们聊了一路学生时代的趣事。

11

我从小学过俄语，在莫斯科机场时还想与工作人员沟通。不知是我说的不标准，还是因为当时中苏关系紧张，她们对我置之不理。

12

在莫斯科转机空隙，团里安排了红场与列宁墓的参观。红场地面都是用竖起来的红砖铺成，地势起伏显得古老而神圣。我却觉得红场比想象中要小很多。

13

在参观列宁墓时，大家肃穆地排着队，列宁的脸和手都由特制的灯光照着，清晰而安详，就像睡着了一样。

14

在斯德哥尔摩降落后，我们先去大使馆报到，再去市中心购物。超市货架上商品琳琅满目，关键还可以自由购买，不像国内需凭票购买，让我倍感新奇。这便是我生平第一次逛超市。

15

我们在斯德哥尔摩停留两天后便飞往目的地哥德堡。哥德堡是北欧工业中心，平日总是阴天，城内教堂很多。细雨蒙蒙的天空中，总会有荡荡钟声萦绕，宛如童话故事中的场景。

16

03 设备引进

在当时的中国，计算机还十分罕见，人们的思维、工作方式仍处在比较落后的手工作业阶段。而国外已经开始走进信息化时代，对于我们一行人来说，这趟欧洲取经之旅可谓大开眼界……

01

培训单位是瑞典的供应商容格公司。培训团住在容格公司市区的一套公寓楼里。由于国家外汇紧张，处处都要缩减开支。副团长王文义嘴角上长了疱疹，我便提议“每人每天增加一个橘子”，得到团长批准。副团长嘴上的疱疹总算好了。 02

容格公司的工厂很小，只生产两种核心产品，即冲天炉和四辊离心机。业务上则采用外包模式，其他设备均从全欧洲采购后交于德国安装公司配套。在当时的中国，外包公司还被笑称为“皮包公司”，不过我却对这种新模式产生了浓厚的兴趣。 03

我们在哥德堡还参观了沃尔沃建筑设备（Volvo BM）公司。这是一个生产工程车辆的企业，办公环境是开放式的，每个办公桌上都配有一台大电脑，公司的立体备件库全靠电脑进行操作，这让培训团的众人目瞪口呆。 04

培训团还体验了开铲车。这次参观最令我惊讶的是他们那儿销售人员的名片上都印着硕士学位的字样。这也为我日后从事销售工作埋下了伏笔。

05

在结束瑞典的行程后，培训团坐车前往贝尔格莱德附近的一个岩棉厂实习，该厂的岩棉生产线也是容格公司提供的。

06

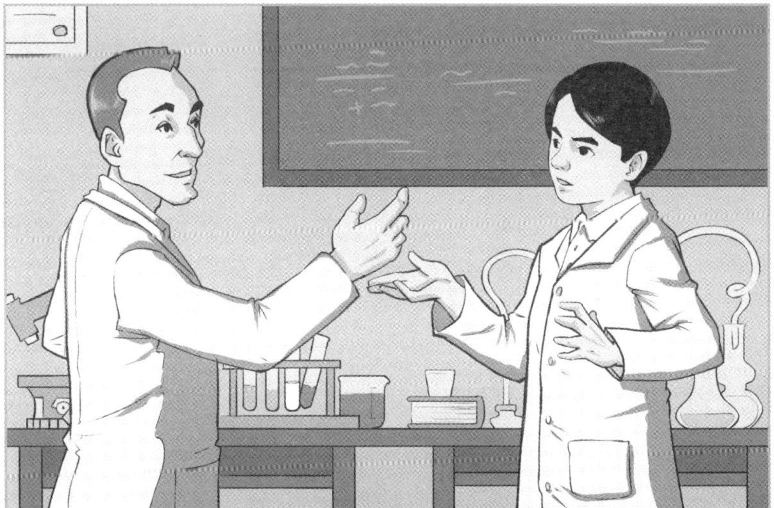

团员根据工种不同被分至不同地点，并配现场翻译与当地员工同场实习。而我没有翻译，独自在实验室学习质量控制。

07

由于双方语言不通，我们只能用半吊子英语进行交流。实验室主任叫托米其，为人幽默，爱买彩票，经常讲小段子。

08

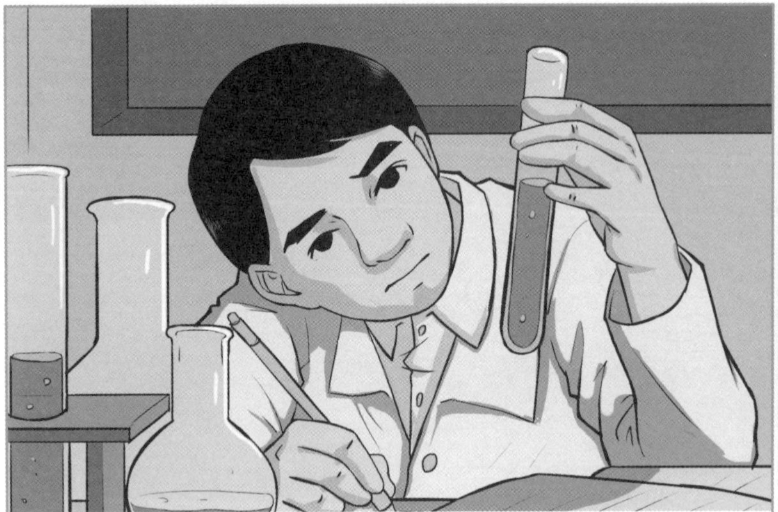

为了能顺利引进新生产线，我在学习质量控制外，还在实验室里学习酚醛树脂的贮存和应用。

09

实习接近尾声时，团里还安排大家去卢布尔雅那参观铁托纪念馆，参观后还组织在当地看了场电影。当地盛产啤酒，晚餐时大家破例开怀畅饮。

10

这次行程，国家给每人60美元的补助，但这点钱在国外也是杯水车薪。我买了一台清仓处理的录音机，还从领事馆转录了一盘周璇的老歌。听歌时录音机还会卡带，不过作为人生第一件奢侈品，我很是喜爱。

11

行程中，一行人处处想着为国家节约外汇，还提出三人一屋的方案。两人同挤一张床，另一人睡沙发。可谁知结账时是按人头收费，这让我们哭笑不得。很快培训即将结束，我们要回国进行生产实践。

12

学成归来，岩棉厂进入紧张的安装试车阶段。厂里员工大多来自建材局安装公司，经常接触大型水泥线的安装，安装设备对于他们来说简直轻车熟路，很快生产线就装好了。

13

之后由我负责试生产。生产树脂的全套装备由德国提供，由于我缺少实践经验，便从德方请来专家指导，并请北京二五一厂资深专家崔耀昶协助。

14

整个生产线，容格公司只派了两名专家，年长的叫拉森，年轻的叫兰奇，两位都是机电全懂的全栈式专家。

15

较难的是工艺和原料配方，也是由我负责的实验室生产。厂里又把托米其先生请来调制配方。如今，岩棉生产是很简单的事情，但那时全国工业水平低下，做什么都像是摸着石头过河，很是紧张。

16

我当时年轻力壮又插过队，所以既是技术员也是车间里的壮劳力。在一次故障中，我和车间主任两人硬是把两吨浓硫酸一趟趟从一楼抬到四楼。

17

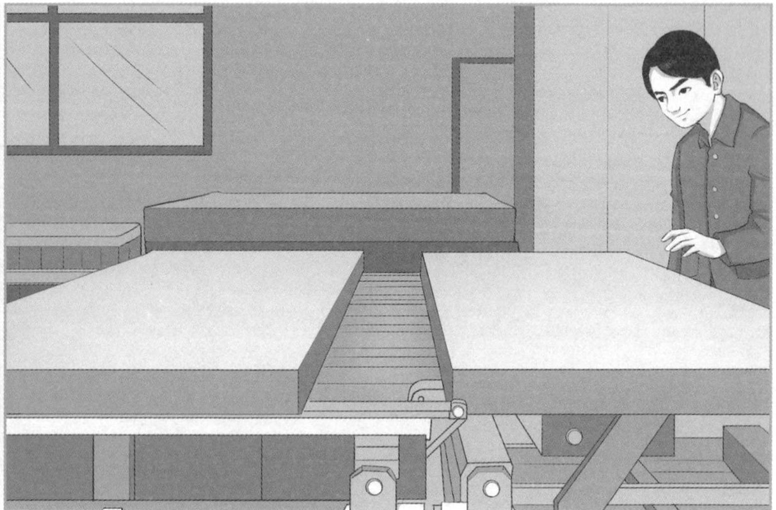

最后，不同规格的产品都达标了。生产的树脂金黄可爱，岩棉板切割得整整齐齐。作为车间技术员和实验室主任，我看着自己负责的一件件产品出厂，心里充满了成就感。

18

04 转行销售

改革开放后，全国各地开始兴建高档酒店等现代化建筑，为工厂带来首轮商机。北新厂的设备基本上都从海外引进，是当时亚洲最大的国际化生产线，美国设计师在来工厂参观后都感慨道：“没想到中国还有这么好的工厂！”但由于新型建筑材料刚进入市场，认知度差，社会上还充满了偏见，产品销售过程并不顺利。

01

当时的厂长叫王健行，是一位专家式领导，很重视市场销量，通常住在厂办公室里。因为厂长认为我总能讲清问题，所以晚上常把我叫去讨论产品的市场问题。

02

他甚至在会上批评中层干部："说这么多都说不清，还不及一个小宋。"我得知后觉得压力很大。

03

后来，工厂组织了青年工人转岗销售。我作为实验室主任则给大家当技术顾问讲产品技术，每逢大的推广活动也会同行前往。

04

第一次出征推销岩棉，是随厂领导去大庆。在火车上碰到一位个体户同行，她认为国企的市场推广方式死板，且没有促销手段。

05

在大庆石油管理局设计院，我为各位领导进行岩棉的技术讲解，效果很好，在场的设计人员听完后，就决定在新项目上使用新材料。

06

工厂又与研究机构合作开展保温功能的测定，得出“岩棉是目前最好的保温材料”的结论，中科院将这一成果无偿向全国转让。此时，厂里想将我调至岩棉销售岗位，但我担心父亲会反对。

07

那年春节，父亲听完我汇报后，觉得就是转行当推销员，便不住地摇头。在我讲述瑞典沃尔沃公司硕士研究生做推销员的见闻后，父亲沉默许久并未反对……

08

当时，厂里其他产品销量不好，但单靠岩棉就能让全厂运转起来。我也从科员升至副科长、科长。后来，工厂改为总厂，推广科也“水涨船高”改为推广处，我又成了推广处处长。

09

任处长后，我就不能光考虑推销自己的岩棉了。一个艰巨的推广任务又摆在眼前——推广石膏板。厂里的石膏板生产线是从德国引进的，当时号称亚洲最大，但生产的石膏板因社会偏见而滞销。

10

当时北京建筑设计院正在设计昆仑饭店，自然成了主攻目标。厂里以美国专家设计的长城饭店为案例，又以砖混结构建造的西苑饭店进行成本和工期对比，优势瞬间突显出来。

11

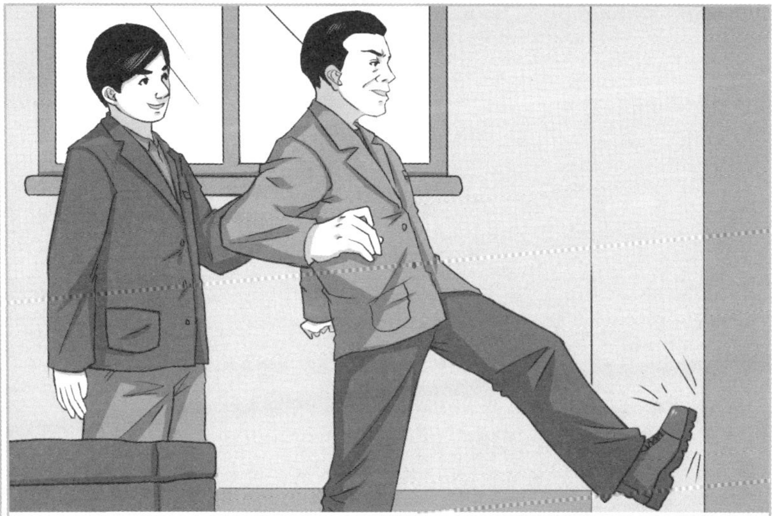

另外，还得扫清甲方对采购石膏板的疑虑。在一次中央电视台的项目中，我让主管建设的蒋台长穿着翻毛皮靴朝石膏板墙踹三脚，发现纹丝不动，蒋台长便笑着和我们签约了。

12

对施工单位的知识普及也是重要环节。上至中国建筑工程总公司和北京城建集团，下至北京一建公司到北京六建公司，我每月都为这些公司的材料处处长们讲解新技术，大家也很喜欢听新型建材的发展情况。

13

做好设计、商务、施工三方工作后，香格里拉饭店、北京国际饭店、中国大饭店等著名项目，均采用了厂里生产的石膏板。石膏板又以北京为试点向全国推广，这才扫清了社会对石膏板的偏见。

14

05 主管销售

销售网络体系的完善是龙牌产品打开全国市场的关键。为加大产品推广力度，我们平均每10个工作日就召开一次推广会，光1985年一年就在全国召开了31次大型推广会。我在构建销售系统之余，还遵守客户至上的解决方案。

01

“龙牌”这个品牌是当初王健行厂长定的。后来我请人把它卡通化，正是今天北新集团建材股份有限公司用的龙牌商标。产品自然也品牌化，变成龙牌石膏板、龙牌岩棉，为的是打响“龙牌”这个品牌。

02

我认为龙牌系列产品不能局限于北京，要面向全国推广。起初采用本厂推销员到全国各地跑业务的模式，但我国地广城市多，导致推广效率很低。而做代销货款回收又困难。幸好此时国家出台允许经济联营的政策。

03

厂里便将优秀的代销点进行投资变为联营销售公司，为结合品牌，各公司都以“龙”字命名，后来统称“小龙公司”。由于合作单位性质从国有到集体，再到外资，甚至也有个体户，许多小龙公司便成了早期的混合所有制企业。

04

各小龙公司的经理基本上为原区域销售负责人，销售员则从当地招聘。我还给大家配了车，既可送货还可跑生意。这样在全国做推广活动便有了根据地。

05

当时，在深圳的一次火灾事故中，由于石膏板隔热防火，隔墙安然无恙，火势得以控制。此事推动了石膏板在全国的普及应用，龙牌石膏板在深圳更是一板难求。

06

此时厂里迎来了第五任厂长——钟化清，钟厂长性格直爽、决断力强，是位很有魄力的新厂长，深受职工尊敬。钟厂长就住在我家楼下，虽然住得很近，但私下从不互相串门。因为我喜欢到单位汇报工作，不愿意没事老往领导家里跑。

07

钟厂长很支持市场销售工作，刚上任就同我前往石家庄轻机厂拜访客户。路上钟厂长坐的是火车软卧，我第一次坐软卧，听列车服务员送水时叫钟厂长为首长，觉得很有趣。

08

石家庄也是我的家乡，辖区内的正定县有一座隆兴寺，家乡人称其为大佛寺。由于小时候去过，依稀记得大殿里的千手观音很壮观。

09

拜访结束后，我建议顺路也去大佛寺看看。寺里没有什么变化，只是不少石佛像的头被砸了。

10

回厂后，作为上级的中新集团要来厂里进行大检查，全厂严阵以待，食堂也准备好丰盛的客饭。可谁知食堂竟招待错对象，把客饭招待了同在食堂就餐的船舶总公司的客户。

11

而检查组来后才知搞错，食堂的同志们怕领导怪罪，就以“骗吃客饭”为由，扣留了船舶总公司的客户。我得知后急忙赶往现场，向客户赔礼道歉并送走他们。

12

准备许久的客饭被误吃后，钟厂长气愤地把我叫去询问经过。我解释完便提出饭钱从自己工资里扣。谁知钟厂长听后，却表扬客户至上的处理方式很正确。

13

但这件事令我很内疚，幸好处理结果在船舶总公司得到好评。作为忠实客户，他们还帮厂里争取到海外船级社为龙牌岩棉颁发的不燃证书。

14

06 “救火队员”

当时，企业留下“三金”后利润都上缴国家，上级中新集团还在全国投资建厂，树立了不少竞争对手，导致厂里十多年来没有新项目。此时的厂长叫王鸿禧，从中国原子能科学研究院调任。王厂长性格直率，经常批评社会上的不良风气，讲话时喜欢用排比句。平时我除了做好本职工作外，也协助厂里处理其他的疑难杂症，充当过好几次“救火队员”。

01

1987年秋，31岁的我成为主管推广处、联营处和销售处的副厂长。随着金融改革，银行业转向商业化经营后，政府彻底给企业资金“断了奶”，企业陷入资金周转的危机中。

02

企业在申请贷款时还得看信贷员脸色，在谈判时甚至有信贷员直接坐到厂长办公桌上。还有信贷员要求厂里赞助活动，为了贷款能到期续贷，厂里只能妥协。这些不良风气让一向直率的王厂长很烦心。 03

让企业头痛的还有一年一度的财务大检查。形式上是对企业执行财务制度检查，但最终总要收缴企业一些资金。北京新型建材总厂因为是中央企业，每年都被税务稽查系统列为重点，每次检查也是最令王厂长头痛的事。 04

检查组围绕企业财务列支进行严格检查，中新集团的财务负责人也来帮助厂里说明情况。大家依照财务规定据理力争，搞得关系很紧张，检查组还开出了一张金额不小的罚款单。 05

王厂长安排我去税务稽查大队做工作，去后先被一位领导批评了一通，说厂里财务管理十分混乱，我心知解释不通，只好耐心听着。 06

等领导说完话消了气，我才向他介绍企业的财务状况以及王厂长的身体情况——高血压，每天晚上高压都超过200mmHg，这样下去会有危险。长谈后，双方都让步了，总算把事情解决。

07

后来，我们去中新集团要投资时，领导的一番话顿时问懵了我们。我们单位是生产型工厂，都是听从上级分配任务，哪知道其中的规划安排，只好悻悻回厂。

08

此事之后，我深知必须拓宽视野，改变“等、靠、要”的国企思维。正在发愁时，中新集团组织赴日本、美国考察访问，这是我任副厂长后第一次正式参与出国访问。

09

1988年春，由中新集团副总任福全带队，集团部门和下属企业的几位领导一共八人组成访问代表团，计划先到日本，再去美国，最后途经中国香港返回。

10

在日本由日东纺公司接待。这家公司是生产纺织机械的，也生产矿棉保温材料和吸音板，当年参加过岩棉设备的谈判，后因价格高于瑞典容格公司而未中标。

11

去大阪时，我们乘坐时速约为250公里的新干线，车厢里也到处都是电子屏等国内列车上少见的先进设备，看着十分羡慕。

12

结束日本行程后，访问团抵达美国纽约。在美国除白宫外，所有建筑物只要有钱都可以买，比如洛克菲勒中心、洛杉矶的好莱坞环球影城都被日本人买了。

13

在洛杉矶时，任总的车遭遇车祸。车上四人都被撞伤，坐在前排的女翻译伤得最重。之后，访问团只好兵分两路，部分人经中国香港回国，我留下照顾四名受伤的同志。

14

车祸后我接待最多的就是律师，都是打车祸官司的。大概两周后，翻译由于伤势过重，要留下继续治疗，我则陪其他伤员先启程回国。

15

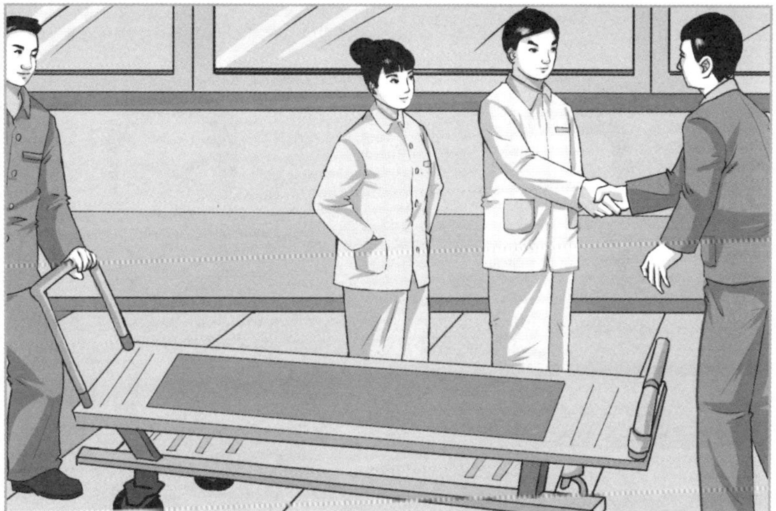

抵京当天，集团领导和家属都来接机。担心伤员伤势，一行人还推着担架车。这趟考察之旅就这样结束了。

16

07 海外探路

无论石膏板还是岩棉都是专家购买型产品，为了避免盲目宣传，浪费单位资金，我继续使用了针对市场、专家、经销商的三方宣传策略，宣传的成功保证了产品的销售，厂里也打消顾虑，投入大量资金支持宣传工作。随着销量上升，北新厂也解决了生存问题，资金充裕后，厂里也阴差阳错地开拓了海外市场，为之后的“一带一路”工作充当了探路先驱……

01

我决定把宣传的主要方针定为对专业人群、专业场合的推广，根据不同对象、不同场合开展设计人员推广会、展览会和经销商会这三种针对性强的会议宣传。

02

开设计人员推广会最难，必须得专家对专家。厂里有两位水平很高的老专家，一位叫鲍锦祥，一位叫祝聚采。设计院里的人都喜欢听他们讲话，他们是厂里的财富，推销员们都很敬重他们，每次设计人员推广会都办得非常成功。 03

开展览会则是为了直观反映企业和产品的形象，会从厂里选有活力、有干劲的青年男女员工去现场讲解。我曾在上海展览馆为时任上海市委书记讲解。 04

为了突出形象特点，每次参展我都挑最显眼位置的最大展位，而且不用通用展位，全部特装布置。在北京展览馆，国务院领导同志也参观了我们的样板间。这些展会让很多客户了解到北新，接触到龙牌产品，为厂里带来了客源。 05

经销商会有点儿特别，厂里为表达谢意，犒劳各地经销商做出的贡献，每年都会在风景区设宴款待。这为厂里攒下一批批忠实的经销商，经销商像滚雪球一样越滚越多，每年年会规模也不断扩大。 06

每次年会，我作为总厂官方发言人，都会进行鼓舞士气的演讲，这也成了会议的特色。作为经营销售的领导，我要求自己必须始终站在台前。有时候其他厂的竞争者会开玩笑地说："听说你们宋厂长又赤膊上阵了！" 07

其实我做销售演讲最早是在1984年，初次登台很是紧张。当时李平副厂长在幕后递台词，台下推广科的年轻同事们带头鼓掌。正是因为全厂上下的支持，让台上的我吃下一颗定心丸。 08

随着外资工程和国外订单的增加，工厂成立了外贸处，由肖文昭任处长。1991年，肖文昭听说塞班岛缺房子，便准备向海外市场进军。经多方介绍联系上一位当地人麦克先生。 09

麦克先生介绍，巴布亚新几内亚政府要给公务员盖2万套房屋，自己还有座大木山可提供原料。肖文昭考察后发现，在当地建造房屋光卖钉子就能挣好多钱！于是，厂里决定向巴新进军。 10

1992年年初，由我带队，国家建材局外事司综合处李永凯处长陪同，远赴巴新。出发当天，王厂长还在楼前朗诵《大风歌》送行，场面十分感动。经过7个小时飞行后，我们抵达巴新首都莫尔兹比港。 11

莫尔兹比港是座港口城市，空气清新，道路交通很发达，超市商品也应有尽有。凡是在这个国家看到的设施都是按西方标准建造的。 12

巴新的官方语言是英语。选好办公地点、置办完相关配套设施后，我们注册了公司，在当地站稳了脚跟。 13

可惜好景不长，接触后我们发现麦克讲的2万套公务员住房是一个遥远的计划。麦克只是一个在当地租房住的皮包商。 14

此时，海外公司已经成立，面对这种进退两难的情况，我提出转型从事贸易的方案，但遭到大家反对，无奈只好让步。最终还是决定做房屋业务。

15

后来，巴新公司在当地开发的房屋项目出现问题，又打了两年官司，才收回全部本金。正是在这困难时期，我们发现了曹江林这个人才，他是上海财经大学的高材生，毕业后不久就来到巴新。

16

正是曹江林领导巴新公司更名为BNBM HOME（北新家居连锁超市）转行贸易，让当地业务不断发展壮大。我虽然很长一段时间兼任巴新公司董事长，但具体工作都是他带领大家完成的。

17

起初，

或许中国人走出去时有些盲目，

但中国人无论去哪里，

总能扎下根来成就一番事业。

如今，

从一行人去巴新开拓至今已过去20余年，

在南太平洋地区已拥有10多家建材家居店，

每年为国家带回上亿元的利润，

重要的是培养和锻炼了大批国际化的年轻人才。

18

08 出任厂长

北京新型建材总厂虽然产品是新东西，但企业却是传统国企，到20世纪90年代初各种问题开始显现，企业发展十分艰难。上级公司中新集团开始考虑调整企业的班子。1991年年底，中新集团总经理阎盛慈叫我过去谈了一次，要我考虑担任北京新型建材总厂厂长。

01

从巴新回国后，我向中新集团总经理阎盛慈汇报，希望全力支持王厂长继续做厂长。后来，中新集团经过研究，把我排到第一副厂长的位置。

02

那时国企一把手是苦差事，往往两头受气，上下都不满意。我当年只有35岁，在班子里年龄最小，其他副厂长心里多少有些不服。自己也还是喜欢搞销售，一下子也不适应新工作，所以对于担任厂长也有不少顾虑。

03

1992年厂里的干部联欢会上，我给大家唱了一首童安格的《其实你不懂我的心》，之所以选这首歌，是因为里面的一句歌词“怕自己不能负担对你的深情，所以不敢靠你太近”。其中的“你”不是指女孩子，而是指厂长那个岗位。

04

1991年，厂里要求我参加“日本产业教育”培训，我通过培训了解到日本企业管理的概况。1992年，王厂长又批准我报考工商管理硕士（MBA）。这段时间可谓没有休息日，但也学到一些优秀的管理经验。 05

当时，工厂由于国企机制死板带来的各种管理问题，变得寸步难行。1993年年初，中新集团决定还是让我出任厂长，王厂长做总工程师。对于职位的转变我心里充满了顾虑。后来才知，原来王厂长也向集团力荐我接任厂长一职。 06

在宣布领导班子的干部大会上，王厂长宣布自己将要告别这个讲台，并用好多“如果……就会……”的排比句来表达自己的期盼，勉励大家处处为工厂着想。那天他的讲话很动情，既悲壮又感伤。 07

我则讲得比较低调，但最后坚定地说：“虽然我们的工厂只有13年历史，但就像初升的太阳，还是一个小小少年，我们一定会展现出勃勃生机的未来！” 08

在会前，祝聚采等一些资深的干部也都勉励我说：“大家一起努力一定会带来一次工厂的中兴。”但我自己却还不太理解这个“中兴”具体指的是什么意思。

09

当时工厂困难，找个厂长不容易，上边没人愿意下来，从下面选又担心做不好。但是选我大家有一个共识，就是我是一个热情乐观的年轻人，当厂长不会给中新集团添麻烦。的确，那些日子我每天凌晨四点就会醒，一心思考工厂的事情。

10

没过几天就到了春节。对我而言，新的一年将要有太多的未知和挑战，整个春节假期我都忧心忡忡、寡言少语，一家人也高兴不起来。

11

当时，关于我当厂长，厂内也有质疑的声音。实际上，上任后的头一年，我一次都没出过差，就踏踏实实地在厂里整顿现状……

12

这段职场生涯中有一段段精彩隽永的故事，
但回忆起这段时光，有两件事总让我耿耿于怀。

一是我读书时是个好苗子，本来很希望工作后再去考研，进而出国学习，但人生中最好的那段时光都用在四处奔波上，丢掉了学业，每每想起心里总有不甘。

二是我很少照顾到家庭。女儿很小的时候，我总在外出差。记得有次出差回来看到妻子在厨房炒菜，还站不稳的女儿抱着她的腿站在旁边时，我的心里很不是滋味。

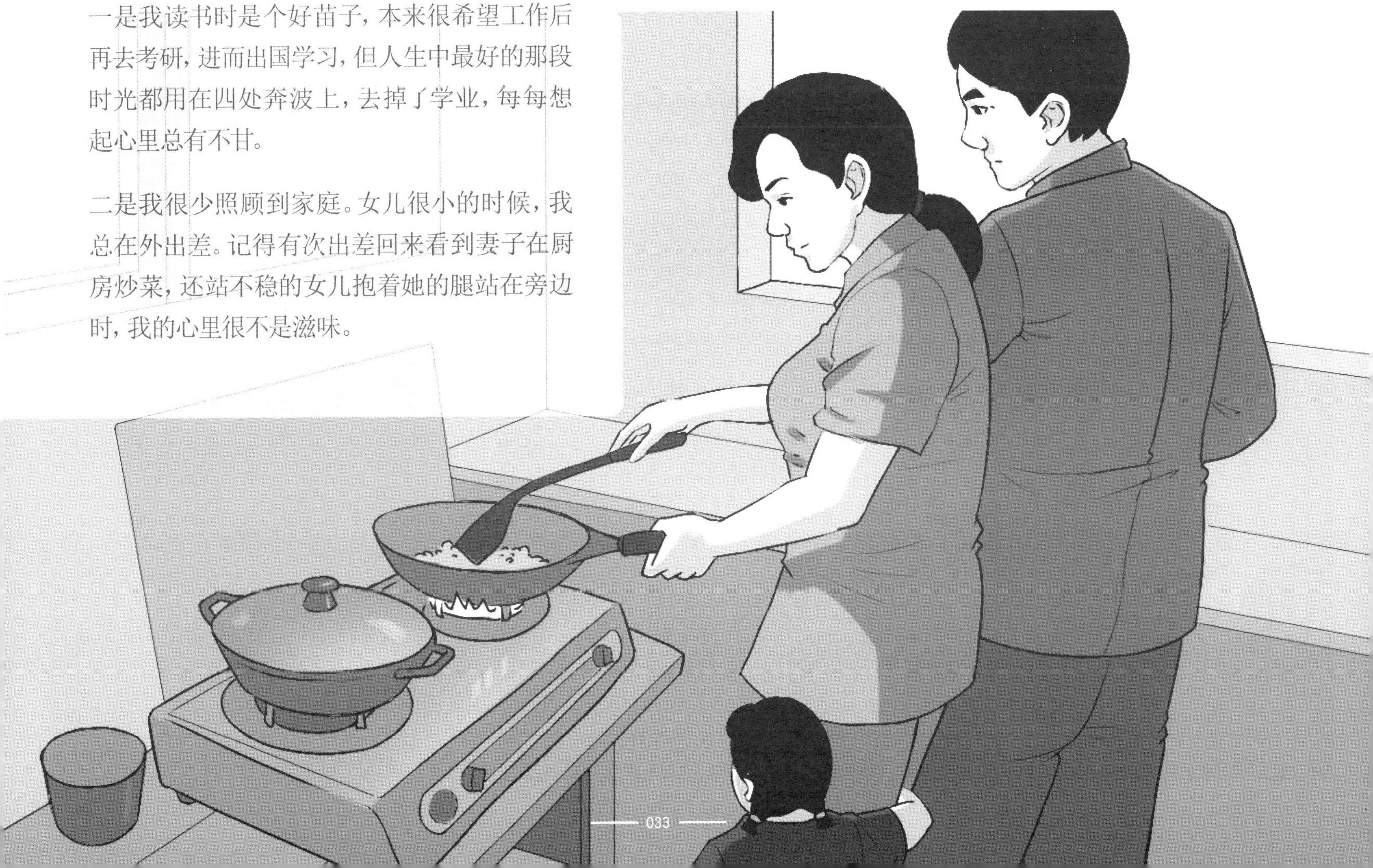

第 二 章

工厂情结

01 新官上任

做企业，很重要的是要让职工有归属感，真正以厂为家。要关心大家的生产环境和生活环境，既要让职工有好的收入待遇，也要让职工有好的精神世界。当领导不光要做指挥者，更要当好带头人。

01

刚上任时，工厂从领导到职工许多人对我都没多少信心，我也没在意，因为当厂长最重要的是懂得员工的心。上任后面临的首要问题是职工纪律散漫，工厂脏乱差的状况。

02

1993年春节后上班第一天，我便站在工厂大门口数迟到人数。职工宿舍和工厂只有一路之隔，但迟到人数居然有280人之多！于是我每天都在门口查岗，一周后懒散风气被改善，厂里也颁布了迟到处罚规定。

03

当时，职工的情绪浮躁，对领导有抵触情绪，一些分厂的厂长得哄着大家干活。有一次上夜班时，因食堂送餐的三轮车出事故，饭送晚了，夜班职工们竟一哄而散。

04

也有职工长期不上班、不请假，在外干私活，甚至有人动手打分厂厂长耳光，围观的职工还在旁边起哄。我认为职工的这些恶习必须改掉，人劳处按规定把长期不上班的10名工人予以除名处理。 05

厂里有不少职工子弟，甚至领导子弟，有些被开除的纨绔子弟还回厂找茬或托人求情。由于全厂光处级干部子女就260人，刚立下规矩不能给任何人开先例，我便坚决请走了这些人。 06

自建厂以来，各种垃圾在办公楼后面空地上日积月累堆起一座垃圾山。厂区道路也被一层厚厚的石膏覆盖着。办公楼和厂房外墙斑驳，厂房的窗户玻璃也碎了多块。治理环境需要一个适当的理由发动大家一起动手。 07

恰好美国黑格将军要来工厂参观，我便动员全厂职工打扫卫生。可黑格先生因故没来，职工们很有意见，认为厂长糊弄大家。我则问大家：“干净的工厂作业环境是为了给黑格将军看，还是为了满足我们自身的工作需要？”大家都不作声了。 08

借此机会我宣布了“两园工程”。新建工厂大门和喷水池，建筑外墙也被粉刷一新，换上新玻璃。清理完办公楼后面的那座垃圾山，在那块空地上修建小花园和职工食堂，还有足球场、篮球场和网球场。

09

工厂最南端有一个五万平方米的大水坑，是当年的北京砖厂烧砖取土形成的，工人们称它为“南大坑”。那时整个工厂的排水系统不行，每逢大雨南大坑就变成了全厂的蓄水池。

10

随后南大坑被改建为厂里的“爱心湖”，大伙利用星期天的时间开展义务劳动。工人们又从昌平山区拉来一些大石头摆在湖边当景物，还让我题上“爱心湖”三个字，我的字写得并不好，李谊民拿去描了一番便请人刻在一块大石头上。

11

围着爱心湖建了一条小路，湖边种了不少柳树和槐树，在湖的西南端建了一个湖中亭，湖中放了一条小船，可以泛舟湖上。大家都喜欢去湖边游玩，偏僻荒凉的南大坑真成了厂里的爱心湖！

12

后来，工厂放了一些鱼苗在里面，常能看到湖中的鱼群游来游去。文化节期间，厂工会还在那里举行钓鱼比赛。有关爱心湖的不少故事，收录在《北新——我们的家》和《北新的故事》两个文化读本中。 13

厂里车队有一位名叫袁增柱的司机，在一次体检时查出患有肝癌，没过多久就去世了。他是修爱心湖的功臣之一，那块刻着“爱心湖”三个字的大石头就是他开车和其他职工一起拉回来的。 14

袁增柱为人热情，工作卖力，人缘也好。工厂便宣传他的事迹、学习他的爱岗敬业精神。其实，人生中学习的榜样处处都有，就在我们身边，就是那些极普通、极朴实的劳动者。 15

在幼儿园、职工医院、培训中心、运动场、龙苑职工食堂等配套设施完工后，工厂面貌焕然一新，职工的精神也为之一振，大家觉得这个年轻的新厂长还真有两下子。其实，工作环境的改善并不是我一人的功劳，而是全厂上下一起奋斗的结果。 16

02 激励员工

石膏板热烟炉是烧煤的，由于当时煤炭紧张拿不到高热值煤指标，所以受成本限制，各厂烧的都是不好烧的低值煤，常常中途熄火。职工们有点儿迷信，非让作为厂长的我亲自点火，说来也奇怪，当年的热烟炉真没有熄灭过。其实并不是领导有什么神功，而是在这一年，职工的工作环境、待遇等遗留问题都得到改善，职工心中的火被点燃了，炉火自然就不会熄灭了。

01

在鱼缸里把吃鱼的鱼和被吃的鱼用玻璃板隔开，吃鱼的鱼反复碰撞玻璃板无果后再把玻璃板移开，吃鱼的鱼和被吃的鱼就可以和平相处了。这就是冷漠。

02

刚上任时，企业职工多年没上调过工资，住房紧张，大家对企业和领导都很冷漠。为了激励大家，我亲自挨个车间地给职工们开动员会，没有会议室时就站在车间的空地上做动员。

03

由于企业信用差，银行不发放贷款，企业已经没有流动资金。我就回家劝妻子把从结婚前就开始攒的1万元钱拿出来，妻子从来没想过她的积蓄会是这种用场。

04

我又号召职工集资帮助企业渡过难关，于是大家纷纷慷慨解囊。工厂正是用职工集资的四百万元买了原材料才得以继续运转。一年后借款到期，企业把本金和利息如数偿还。

05

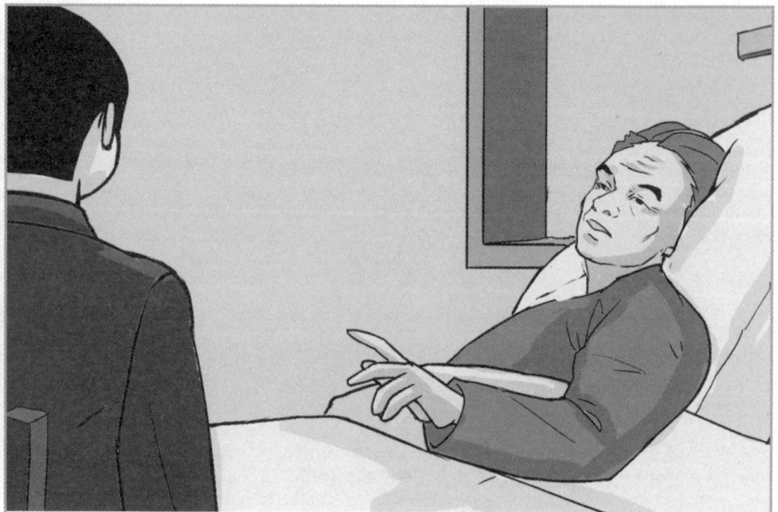

父亲是抗日战争时期参加革命的老干部，原县里的纪委书记，此时突发心肌梗死住院。我连忙赶回老家看望，结果父亲却催促我赶快返回工作岗位。

06

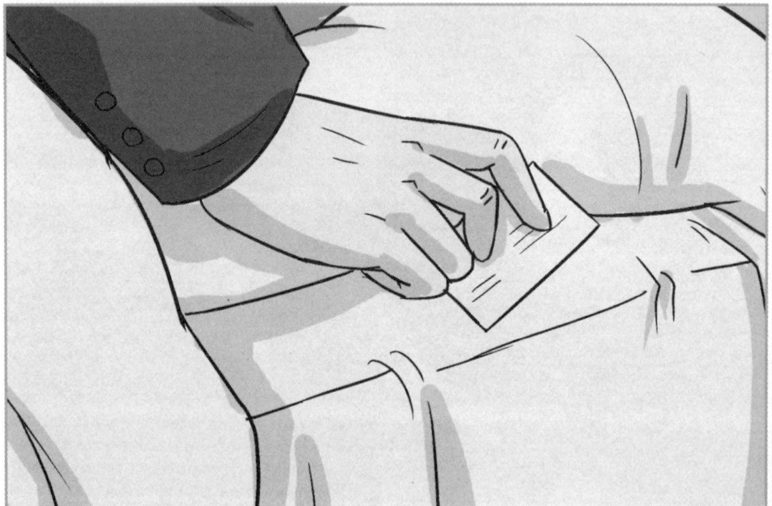

等父亲身体好一些后，我把自己的一张名片悄悄地放在父亲的枕头下，心里想着权当我陪在父亲身边吧。回到工厂后就径直去岩棉厂给职工们开动员会。

07

1979年8月29日是邓小平同志参观新型样板房并对工厂建设做出重要指示的日子。为了增加凝聚力，厂里决定把前一天作为企业的文化节，并组织文艺晚会和体育比赛。

08

我当时是中华全国青年联合会委员，和文艺界别组也很熟悉，冯巩、曲比阿乌、万山红、孙毅等许多艺术工作者在得知工厂办文化节后都来义务参加演出。

09

由于这些著名演员的参加，文化节格外热闹，工厂周围的老百姓也前来观看演出。节日当天，工厂厂区对外开放，沸腾的工厂成了当地的热点。

10

工厂的体育比赛每年有两次：春季运动会是从入场式到颁奖活动都很正式的活动；而文化节的体育比赛带有娱乐性质，厂领导也组队和职工开展比赛。我天生运动细胞差，常常失球，引得大家哈哈大笑。

11

文化节也邀请上级领导参加，像时任国家建材局张人为局长、中新集团朱祖华书记等都来参加过。热闹的文化节改善了干群关系，增强了企业职工的爱厂热情。

12

后来，工厂也仿照国外企业出过一本文化集《北新——我们的家》，用职工的自述文章展现企业文化。这本书并没有对外发行，但我送给过中央国家青年联合会的委员们，他们都很喜欢。时任青年联合会主席王晓翔还曾向委员们推荐过该书。 13

每年春节，石膏板分厂的生产线都要整顿大修。1993年春节过后不久，我在应邀去分厂点火时，对周围的干部职工说了一句心里话："其实我最想点燃的是员工心中的火！" 14

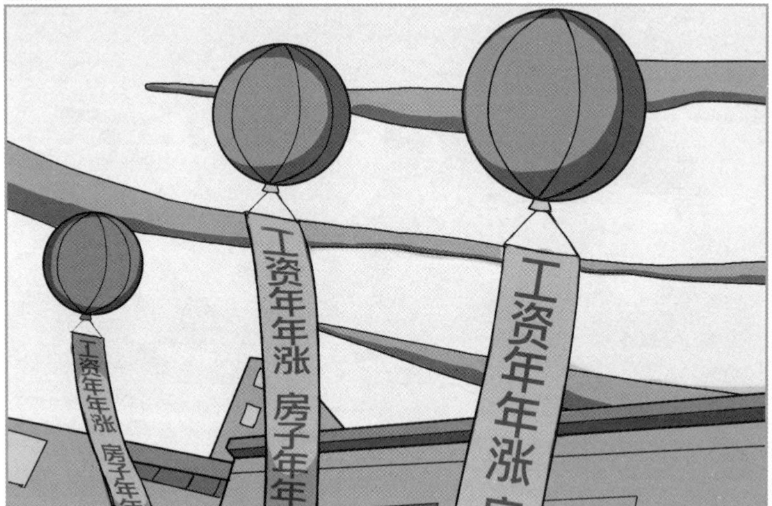

在调动大家的积极性后，全厂众志成城，企业效益年年创新高，十年间盖了十多栋宿舍楼，职工工资也比周边企业高出不少。企业很快就走上了良性发展的轨道，职工们的冷漠也消失不见了，取而代之的是他们对北新强烈的归属感和自豪感。 15

那段时间，我在经过认真思考企业的文化和价值观后，也系统地总结了北新突出战略、效益、质量、技术、以人为本、服务社会的六条价值观。数十年后，当年的办公室人员找到我手写的原稿，都感叹那个时候有那样年轻的厂长。 16

03 管理热情

1992年,武汉工业大学在北京管庄的建材研究生院开设工商管理班，我大多是利用周末休息时间去上课。那几年的学习对日后的管理工作起了很重要的作用。我后来常想，假定没有那段时间的学习，后来我当厂长肯定会受影响，或者不知道怎么当厂长。

01

鼓励我参加MBA课程学习的是尹毅夫教授。尹毅夫教授是燕京大学毕业，长期在山西教授英语。改革开放后，他首先将MBA教育引进至中国。

02

起初我曾打电话给尹教授，说自己由于工作太忙打算放弃MBA深造。没想到遭到了尹教授的批评。

03

我本科是学化学的，工作后做过技术员，做过市场销售，但当厂长需要更加全面的管理知识，尤其是财务和会计知识，尹教授教授的正是西方企业财务会计理论。

04

后来，我还动员厂里年轻的中层干部都去参加清华、北大等学校的MBA学习，这对工厂的管理进步起到了重要作用。

05

1996年冬，我出国参加了日本海外技术者研修协会（AOTS），它是日本政府对发展中国家管理人员进行培训的一个组织，每年中国政府都会派出一些企业领导人去学习。

06

那次学习中我了解到日本企业的决策机制、劳资关系等问题，日本同行觉得奇怪，认为别人都对技术和产品感兴趣，而我却对公司管理感兴趣。我的结业论文题为《浅谈日本的企业管理》，后来这篇论文在国内期刊上发表。

07

为了推进工厂管理，我还安排中层干部赴上海宝钢学习现场管理。宝钢在全套引进新日本制铁公司装备的同时也购买了新日铁的管理软件，工厂里连打开的电器柜里都一尘不染，这给干部们留下了深刻印象。

08

我在工厂提出现场管理要外学日本、内学宝钢，推动现场的“5S”管理，这使工厂的管理上了一个大台阶。外宾来访后，看到我们国际化的工厂都忍不住称赞。

09

西方管理学家说，你怎样对待你的员工，你的员工就会怎样对待你的顾客。起初工厂的销售状况总不好，原来是销售部的干部们热衷于在午休时间打扑克牌。

10

客户来访只能坐在办公楼门外的石阶上干等，到上班时间才能办事。每天中午楼外都会坐着一群客户，而一楼销售大厅里职工却在嘻嘻哈哈地玩扑克牌，这让我很是生气。

11

相比之下，轻钢龙骨工厂的销售工作却很顺利，原来他们有秘密武器“五朵金花”。这五位已经当妈妈的女员工，虽然在不同岗位，但是对客户的热情是她们的共同点。她们像对待家人一样对待客户，为厂里带来很多回头客。

12

于是，为了杜绝“衙门作风”，我给销售部门做了一项规定：今后不允许在午休时间玩扑克牌，要全力招待远来的客户。更在全厂开展向“五朵金花”学习的活动，整个工厂为客户服务的意识开始深入人心。

13

我希望做企业就要遵守“两个一贯”，即质量一贯的好与服务一贯的好。很多来参观工厂的客户，都被工厂的氛围打动，欣然签单。厂里热情的笑容，则成了企业最好的招牌和广告。

14

04 新的突破

在企业经营中，我们常讲质量是生命，但具体做起来往往并没有把质量当作生命来看待。20世纪50年代，日本企业的产品质量很差，当时美国报纸刊登了一幅漫画，几个人正撅着屁股往前推一辆丰田汽车，漫画的题目是“Made in Japan”（《日本制造》）。后来，日本人把美国的质量控制专家戴明先生请去，在日本开展了大规模的质量管理活动，使日本一下子成为质量强国。

01

我当厂长前一直疑惑产量为什么总也上不去。石膏板市场被打开后，经常是拉货的车在厂里排长队，却买不到石膏板。

02

产量一直上不去的原因是生产线堵板或铸机时，没有及时处理造成了连锁反应，导致生产线被迫停车，并且还得花两三天的时间清理残局才能恢复生产。

03

但德国方面从未发生过类似情况。我上任后经常思索此事，于是无论早晚都常去车间查看。最后发现病根都是工人经常擅离职守，出现意外后没能及时处理导致的。

04

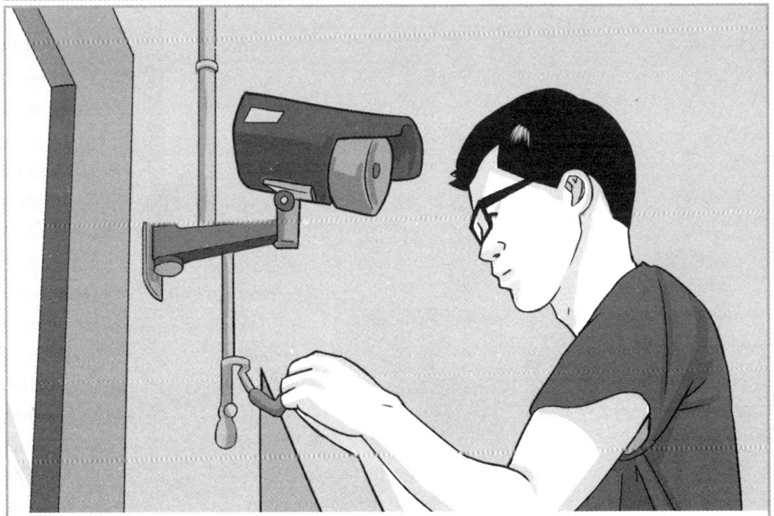

于是工厂就在生产线上安装了监控系统。当班的职工就再也不敢脱岗了。如此简单的方法便解决困扰工厂十年的难题，产量也自然得到提升。

05

工厂里还有一个惯例是冬季不生产，因为都说冬季生产的石膏板易裂。石膏板是热的不良导体，堆放起来怎么会裂呢？后来我发现，车间没有暖气，大家都不愿意冬季生产便以此推脱。在给车间装上了暖气后，大家都非常高兴。

06

当时，原料都是从宁夏运来，赶上全国铁路运输紧张，厂里常常申请不到车皮，工厂只能停产。甚至厂里不得已还申请危险品车皮，吓得周围老百姓还来厂里抗议。

07

原来是早年间德国专家选定时，只有宁夏石膏石质量合格。而如今，全国各地的石膏石质量早已提升。再次评审后，改从山东和河北供货，又解决了多年以来原料紧张的问题。

08

1994年，北新厂出口的一集装箱岩棉吸音板被韩国方面退货，原因是一张吸音板上有个明显的脚印。厂内干部觉得韩国公司小题大做，但我却认为这是对质量的态度问题，应该予以高度重视。

09

为此，我还专门召开会议，带头受罚，并将结果全厂通报。这件事在厂里引起轰动，为全员敲响质量意识的警钟。

10

在20世纪80年代，国家经贸委就引入了一些国外的管理方法，总结为“现代化管理18法”。TQC（全面质量管理）是日本企业推行的一套成功方法，主要是“全员参与”和“全过程质量管理”。 11

于是我让每个车间班组都成立了“TQC小组”，这些活动对工厂质量意识的增强和质量管理水平的提升起到了基础作用。 12

另外，企业还“自找”检查。主动引进ISO9000认证体系，按照ISO9000标准建立国际一流的质量管理体系，接受最为严格的认证。 13

此时在工厂里，还有个别技术人员想搞负公差，以达到降低成本的目的。这种会自砸招牌的危险行为也被我坚决制止。我的经营主张是质量比同类产品高，自然销售的价格可以高一些。 14

其实，真正阻挠工厂发展的问题并不都是技术问题，而往往是管理者的思维方式问题。

15

就这样，石膏板产量一举突破以往瓶颈，厂里还奖励了分厂一辆红色的桑塔纳轿车。随后每年的产量都有新的突破！

16

05 合资谈判

那时中外合资很时髦，工厂开始寻找合作伙伴，国外同行看好我们，更看好中国市场。那段时间来厂里谈合资的外国公司代表很多，我们也派专家回访他们。谈判双方都很认真，但也各有“小九九”。他们想通过我们了解中国的市场和制造成本，我们想通过他们学习新的技术来建造新生产线。

01

由于石膏板在市场上十分紧俏，价格也翻了一番，石膏板生产线则成了“印钞机”。工厂想扩产需要资金，但利润都上缴了，所以便想找国外企业进行合资。

02

很多国外企业都来厂里谈，但一谈到股权，对方无一例外地要求控股权，而这恰恰是工厂不能接受的。谈到最后，还是选择了德国可耐福，但厂里仍不同意失去控股权。

03

谈判失败后不久，海螺水泥和可耐福合作建了一条生产线，其他外资企业也陆续进入中国市场。短短几个月，石膏板价格被压低50%，甚至有的经销商还拉着竞品来厂门口打擂台。

04

我知道后很着急，睡不好觉，急得眼睛都水肿了。心想：企业在竞争中岌岌可危，与其被外资企业打败，倒不如与它们合资。

05

厂里起草了同意控股事宜的传真发给德国可耐福总部，却被婉言拒绝。后来由于压价竞争，加上合资企业的运营成本过高，外资企业渐渐撑不住了。市场冷静后，龙牌产品奇迹般地越卖越好，价格也企稳了。

06

最后，我们成为胜利者。事后我还常想：当年如果可耐福和我们合资了，就没有今天世界最大的石膏板供应商北新建材了，历史和可耐福开了一个大玩笑。

07

06 百户试点

1978年，十一届三中全会后，我国市场化改革循序渐进地展开。向着市场化转型后，国家不再对国有企业拨款投资，而是把投资改成了贷款。在税收方面，国家进行增值税改革。企业从缴纳营业税后再缴最多达55%的所得税，改为增值税也就是销项税，只要有销售就要缴税，工厂反而增加了税负。国家也不再对国企的原材料和产品进行指令性计划安排，企业完全靠市场来指导工作生产。

01

邓小平同志主持的改革开放政策和社会主义市场经济体制的推动，使国有企业发生了深刻变化。1994年11月，国务院选择全国100家国有企业作为建立现代企业制度的试点单位，称作“百户试点”。

02

北京新型建材总厂是国家建材局系统内唯一入选的企业。能成为试点单位，说明企业受到国家的重视，也会得到一些政策支持。

03

国家投资"拨改贷"后，专业银行向商业银行转化，很多国有企业在资金方面被国家彻底"断奶"。而税改后，只要企业有销售就要缴税，反而增加了税负。国家也不再对国企的原材料和产品进行指令性计划安排，企业开始完全走向市场。 04

百户试点的主要目标是建立现代企业制度。只有将国有企业转型为规范的公司制企业，使企业成为独立的市场主体，才能从根本上解决问题。

05

1996年1月，北京新型建材总厂正式改制成北新建材（集团）有限责任公司，公司组成了董事会，由我出任董事长兼总经理。

06

企业脱胎换骨的最大压力来自受计划经济影响，国企形成的"等、靠、要"思维方式，企业职工也没有市场危机感，还坐吃"铁饭碗"。这造成了很多企业的"臃肿"，北新集团也是这样。 07

北新的工厂刚建成时，企业只有1200人，但十多年过去了，生产线没有增加，员工却增加了1000人！当时社会就业困难，随着企业效益越来越好，很多人员都在往厂里涌。

08

北新的办公楼共有200多人，每天中午下班铃响，大家从楼梯上蜂拥而下，那个时间想上楼都困难。

09

厂里一些部门还以搞活为名，虚设一些小公司，在工厂内部蚕食企业效益。我果断解散了工厂里的小公司，但他们也私招乱雇不少人。对国有企业来说，只要进了企业门就只能负责到底。

10

厂里按照实际需求制订了一个550人的分流计划。但当时退休人员社会保障、医疗保险等体系还未建立起来，地方职工都有地方再就业中心接管，而作为中央企业的工厂，下岗职工却没有去处。因此，厂里制订了一个转岗培训计划。

11

先是除了每年招收一些必要的大学生外，一律不许各单位再增加员工；再是对富余人员通过企业培训中心进行再就业培训。为此，企业还创造了2000个就业岗位以落实员工的转岗。

12

北新集团是员工以厂为家的企业，大多数还是双职工，甚至一家几口都在厂里工作。因为当时国家提出改革要壮士断腕，我每天看着长长的名单，愁肠百转，很是难受。

13

我将这个计划向原国家经贸委负责百户试点的领导蒋黔贵同志汇报时，起初还担心领导会责怪我们回避问题不改革，但却得到了蒋黔贵同志的理解。

14

当时，我在报纸上看到一些经营困难的国企把员工逼上绝路，联想到厂里倍感难受，决定亲自去培训中心和大家面对面谈心，也要求各工厂和部门的领导都去给转岗职工讲课，传授更多技能。

15

当时北京许多下岗职工宁可辞职回家吃面条也不愿上班。相比之下，上海女工更务实，甚至去做家政服务小时工，时任中企协会长的袁宝华同志非常赞扬这件事。我也常把这些事介绍给企业的职工，大家都变得更珍惜工作，更热爱企业。 16

07 北新上市

大学时期我是学理工科的，当厂长后虽然通过读MBA学习了一些财务和市场知识，但我对资本市场还是一个门外汉，不知道市盈率是怎么回事，也不明白为什么股份要每股1元。在进行过一些前期工作后，我认为北新建材具备上市的条件，但要进行一些资产剥离，把一部分有盈利的企业打包为股份公司，这就是国企改制上市的清晰路线图。

01

百户试点开始时，我们就找到深圳的南方证券有限公司进行上市合作。南方证券计划引入美国高盛公司和国际金融公司（IFC），把北新建材打造成一个有海外投资的上市公司。

02

当时，中外合资公司上市还有障碍，坚持了一年多的时间，最后没有成功。虽然合作没有成功，但企业却学到了不少资本市场的知识，开阔了国际视野，也为后来的北新建材上市和中国建材上市打下一些基础。 03

一次，国家建材局副局长杨志元组织去天津参观，同行的有几家已上市的建材企业老总，我便向他们请教了不少企业上市问题。参观回来，我便给领导班子开会说：“我们完全具备上市条件，但我们必须加紧干！” 04

很快公司便向国家建材局申请上市，但当时证监会暂停上市工作，没有分指标。于是，公司又向建材局申请先出批文占上指标。几经周折，终于拿到了A股上市的批文。 05

拿到上市批文后，由副总李鸿兴带队负责，计划把赚钱的石膏板和岩棉业务放在股份公司，把其他业务放在集团公司。在做完上市方案后，立即报证监会。 06

证监会却因为没有得到恢复上市审批的时间安排，不予受理。我则让办事人员把材料留在那里先排队。果然，证监会恢复上市工作后，北新集团作为少数提前排队的单位，被优先受理，赶上了上市的最佳时机。 07

在进行完资产划分、人员分离后，我们成立了北新集团建材股份有限公司。1997年春，证监会批准北新建材在深圳A股市场发行4500万股股票，上市工作大功告成。

08

我们拿到批文便马上联系深交所安排上市时间，定在1997年6月6日上市，代码为0786，股票名称为北新建材。在上市前的晚宴上，我给大家唱了一首《祈祷》，歌词正好反映了当时的心情。

09

那段时间，我累得瘦了许多，西服穿在身上显得又宽又大。上市资金是南方证券通过工商银行发的一张2.7亿元汇票，在当时是一个不小的数字。

10

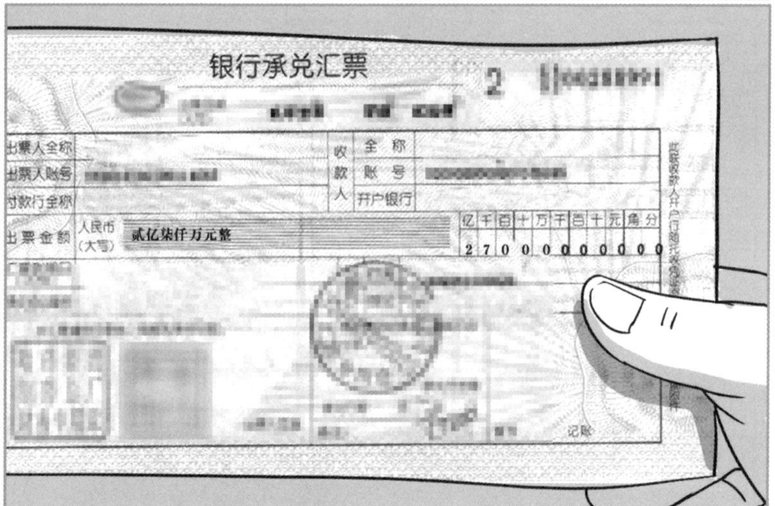

我看着汇票，还对财务人员说：“希望10年后再拿到一张金额多一个零的汇票。”结果在2006年3月，中国建材在中国香港上市时梦想成真了，一次募集了20多亿港元！

11

当时政策里有职工股，在流通股里提出部分额度，让职工自愿购买，半年后可交易。因要按照每股5元多的原始股的价格买，有些职工不敢买，担心跌破发行价，钱被套牢。

12

后来，北新建材股价曾涨到每股23元，公司便在每股18元时帮职工把股票卖掉，他们也算发了一笔小财，有的职工还因此买了私家车。

13

上市后，最重要的是把市场机制引入企业，有效益股民就会追捧，股价自然上涨，便可以增发。1998年秋，我还受邀在《上海证券报》上发表文章，写的是对投资者讲的心里话。

14

北新建材那几年增发了两次，又募集了5.2亿元资金。不过也不都是好事。股民要效益、要股价，每年都要分红和配股，遇到市场的小年，上市公司也挺难受的，所以拿资本市场的钱并不轻松。

15

08 双加项目

为了支持国有企业的发展，1995年国家经贸委启动了“双加项目”，即对技改项目加大投资力度，加快改造步伐，银行给予优先贷款支持。北新建材计划搞两个“双加项目”，即石膏板二线和矿棉吸音板项目。北新总工办负责去国家经贸委跑项目，但总是不大顺利。

01

厂里的总工程师从经贸委回来就生气地跟我抱怨那边年轻人态度不好。经贸委那边也传话过来：“宋总那儿就没有年轻人吗？”我一听便知是沟通上出了问题。

02

那时，企业有一项很重要的工作就是跑项目。企业内部选中一名叫光照宇的女技术员，调至总工办，很快沟通顺畅起来，项目也有了进展。

03

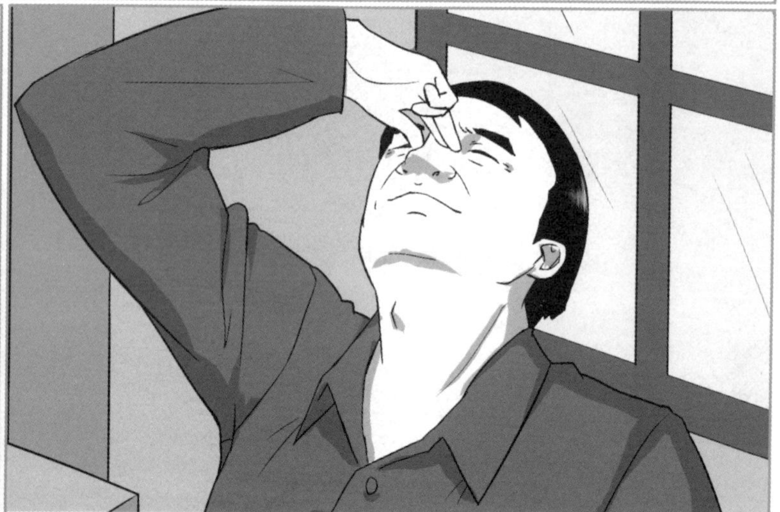

做“双加项目”还需要有个银行贷款承诺函，企业首选自己的开户行银行海淀支行。可那时银行贷款指标紧张，不敢承诺一两亿元的贷款，结果碰了一鼻子灰。我还不死心，又托人做银行工作，但最后也无果，坐在办公桌前很是烦恼。

04

正烦恼时，一名建行的营业员突然敲门进来。建设银行很快就出具了石膏板二线“双加项目”的贷款承诺函。后来海淀支行听说后也赶紧找来，矿棉吸音板项目则是跟他们合作的。

05

石膏板二线是引进美国平板压挤工艺的成型站。但开始试车时，因为人为失误总有故障，还有人建议换回辊压式成型站。我去现场劝说大家耐心适应新设备后，生产线才慢慢恢复，质量也远超一线。后来干脆把一线的成型站也改为挤压式。

06

矿棉吸音板则由日本日东纺提供。日方负责人是小山部长，他酷爱三国故事。我在AOTS研修时，通过三国与他结交为朋友。这次合作就是靠小山部长推动才能顺利进行。

07

矿棉吸音板试生产时，烘干室的输送辊总是掉。因为国内没人接触过该技术，所以有人怀疑受骗了。我派人赴日走访后，发现一模一样的设备在日本从未发生过类似事故。因此断定还是操作的问题，随后也便解决了。

08

这两条新生产线极大地振奋了大家的精神，提高了企业的市场竞争力，也为石膏板和矿棉吸音板装备的国产化打下了基础。这是北新建厂十几年后真正启动发展的大型项目，圆了职工们的梦。

09

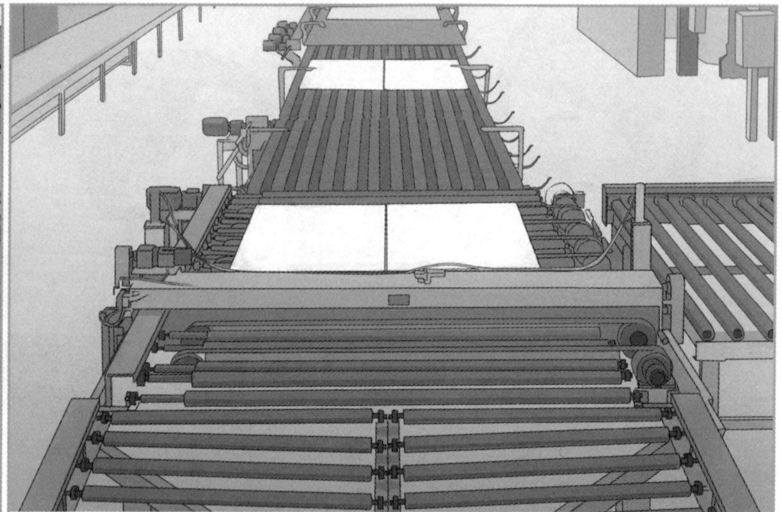

根据新型建材的特性，我们也形成在原料采用、生产过程、产品应用三环节都要做到绿色环保的原则。

10

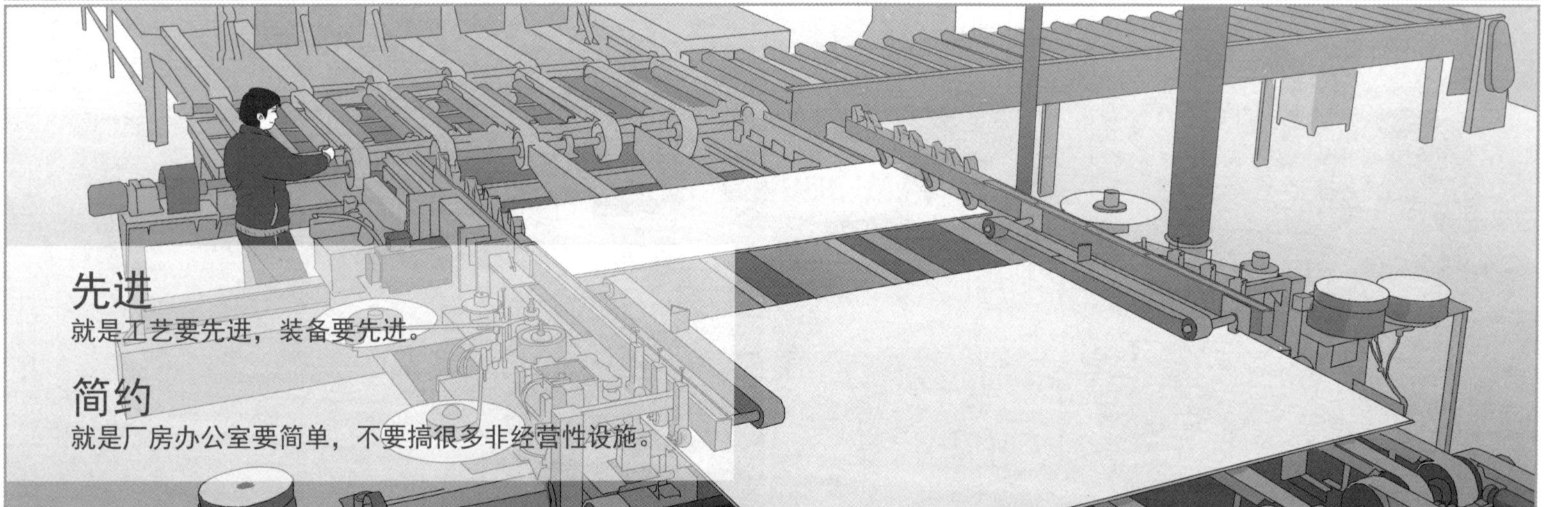

针对有些同志认为新建生产线，要同时建设完备高档的办公设施的想法，我又提出“先进而简约”的概念。

11

09 达沃斯论坛

1971年施瓦布先生在达沃斯创办世界经济论坛后，达沃斯便成了一个世界瞩目的小镇。每年冬季，世界经济论坛都会吸引来自全世界的政要和企业家。1997年，我作为一个基层企业的领导者，参加国家经贸委的欧洲访问团远赴达沃斯，还是挺高兴的。

01

陈清泰同志曾是第二汽车制造厂厂长，到国家经贸委做副主任后，在家闲余时还会安装机械设备，制作小零件，他的这个爱好让我很是好奇。

02

陈清泰当时在经贸委主持国企改革工作，主抓全国百户试点项目，也因此和我比较熟悉。1997年1月下旬，陈清泰率团出访欧洲，我便也随行参加了瑞士达沃斯论坛。

03

世界经济论坛的会址是一个不大的建筑。无论是国家元首还是企业家，都很平等地在休息厅里就坐，我在休息时还见到柬埔寨的西哈努克亲王。

04

在论坛上，陈清泰有场演讲，主题是关于中国国有企业的市场化改革。让人印象深刻的是一次对听众的调查，题目是《未来几年全球发展热点在哪个国家》，表决器上几乎百分之百显示的是中国。作为听众我也为自己是中国人而自豪。 05

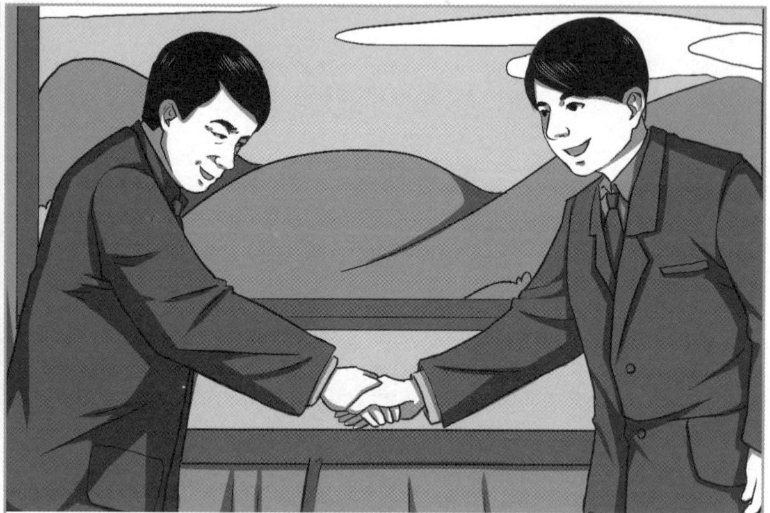

这次瑞士之行我们还顺路拜访了日内瓦的联合国欧洲总部，中国驻日内瓦联合国总部大使吴建民接待了我们一行人。吴大使说：“现在中国在海外没有什么宣传机构，话语权都掌握在西方媒体手里，因而西方民众并不能客观公正地了解中国。” 06

10 四位一体（上）

经过上市、增发和几年下来的滚存利润，北新建材实力大增，开始考虑未来的发展方向。北新建材最有影响力的是石膏板业务，但投资者希望企业能发展一些新业务，当时的上市公司大多投资了一些高科技领域。我以前是一个专业主义者，但受欧洲考察时看到的产业文化影响，此时也开始思考相关多元化的发展模式。 01

经过企业开会研究，新业务应与老业务有一定的关联性。我后来提出了同心圆发展战略以及四位一体的业务定位。首先要发展的还是新型建材，于是制定了逐渐采用电厂脱硫石膏做原料的石膏板业务计划。 02

那时正好赶上北新建材石膏板厂周围兴建高教区，附近的居民都对工厂的环境提意见。许多人还误以为工厂烟囱的蒸汽是浓烟，对此议论纷纷。

03

一天，高教区一位教法律的女教授来找我，希望能为学生们的未来着想，把工厂搬走。我心想：上市后的北新不能仅限于首都发展，也该开始全国布局了。

04

走出北京的第一步是把岩棉厂搬到河北张家口市的下花园区，当地原来就有一个小岩棉厂旧址，离宣化钢铁集团有限责任公司的铁矿渣又近。在下花园区生产岩棉大大地降低了成本。这是北新第一次把工厂迁出北京。

05

第二步是迁出石膏板线。为了不影响市场供应，决定先在北京以外建新线，再迁出老线。无独有偶，此时的印尼正在骚乱，有一条全套美国装备的生产线新建后便被闲置，于是我们用很低的价格收购回国。

06

建厂地点经过再三权衡定在涿州开发区。企业一次性购买了500亩（约0.33平方千米）土地用于建厂。美国生产线十分先进，厂区也大。涿州厂成为北新的一个王牌厂，随后便停掉了北京的旧生产线。 07

另一条生产线建在山东枣庄市的山亭区，这件事的渊源是王鸿禧总工听完原山亭区委书记褚庆观的报告后，带回一本讲述当地脱贫致富的奋斗故事集，我看后对此地颇有感触。 08

实地考察后，便敲定在山亭区建厂。这样既可覆盖山东和江苏市场，又能支援革命老区建设。当地政府听后十分激动，要把用地无偿赠予，但我不忍心便谢绝了。正是因为双方坦诚的合作，建成的生产线也不负众望，带来了丰厚的回报。 09

在四位一体业务组合中的新材料方面，企业想进入光伏发电领域，为此还去过瑞士考察单晶硅、多晶硅和模组的技术。但在太阳能项目上，由于发出的电既不能进入电网，也没有政府补贴，只好作罢。 10

企业还投资武汉理工大学的光纤传感业务，后来该公司在深交所上市，使得北新建材的投资增值不少；与国家建材局的晶体所合资成立烁光科技，但效益却很一般。

11

后来又和中科院半导体所合作生产用于代替硅片的材料——砷化镓和氮化镓外延片。当时中科院半导体研究所80多岁的林兰英院士是这方面的专家，她们虽有技术但苦于资金短缺，我便决定支援她们。随后中科镓英公司便成立了。

12

11 四位一体（中）

在北新当厂长时，我比较重视向日本企业学习，参观了许多日本工业企业，并对工厂化房屋产生了浓厚的兴趣，认为中国广大农村今后要走工厂化新型房屋的道路。因为当时我国农村的住房多为红砖搭建，既浪费能源和土地，房屋也不抗震。日本基本上是木结构房屋，也有少量的钢结构房屋，内隔墙和吊顶都是石膏板，关键是日本的房子都是在工厂里制造的。

01

与厂里较早接触的是大和房屋工业株式会社。大和房屋是用方钢把房子做成类似集装箱的六面体，在现场进行拼装。但是其成本高也影响环境。所以我们很快就放弃了这种结构，只在北新院子里建了一栋样板房。

02

一次展会期间，三泽房屋的负责人与我进行长谈，讲到制造房屋的材料要采用配件外包模式，也讲了推广采用加盟模式。但因为三泽房屋基本上都是木结构，中国对建筑防火要求高，所以也没合作成。 03

但终于功夫不负有心人，恰逢我赴日出差时，看到新日铁开发的热镀锌轻钢龙骨的样板房，这让我眼前一亮，因为轻钢龙骨正是北新的特长。 04

我很希望和新日铁合资制造新型房屋，专程拜访了新日铁的千速社长。千速社长是日本资深的大企业家，当时70多岁，说话语速很慢，人也很谦和，主张中日友好，很快便答应了合作事宜。 05

实际上，新日铁是和丰田公司联手做轻钢结构房屋的。丰田公司也想和北新合资，而日本公司来中国合资喜欢拉上相关的商社，和北新关系最好的就是三菱商事，三家公司一拍即合，决定一起和北新合作。 06

不久，北新就和三菱商事、丰田公司和新日铁在北京合作成立了北新房屋。北新房屋把工厂设在北新的工厂院内，并做了几栋日式、美式的样板房，吸引了不少业内人士前来参观。

07

后来，出于各种原因，日本三家公司陆续撤资。但北新却依然坚持开拓房屋业务，并在原来的基础上又引进国际先进的龙骨轧机，北新房屋才稳定地发展起来。北新房屋在国内最先提出了住宅产业化的理念。

08

住宅产业化不能光盖房子，我们还拓展了涂料、塑钢门窗、塑料管道、板式暖气片、厨房设备、卫生洁具、水泥装饰外墙板等房屋配套产品。同时在北京和上海两大区域市场各建一个住宅产业化基地，业内人士总是来参观北新的新品展示会。

09

我偶然间听说沾水的生意最赚钱，就联想到涂料。随后与德国一家生产无味安全涂料的公司合作，龙牌漆便诞生了。广告语则是：“龙牌漆没味道，让你生活有味道！”

10

龙牌漆的挥发性有机物成分比国家规定的标准还低一个数量级。有的医院病房上午刷了龙牌漆，晚上就可以收治病人。龙牌漆也被用于我国的许多重要工程，像天安门城楼每次刷新都用龙牌漆。 11

而北新开发塑钢门窗在我国开辟了平开翻转窗的市场。当时，市场上有一种德国进口五金件的窗是平开翻转的，密封好又安全，但一套五金件居然卖到2000多元。当我们去德国询价时，该公司的老板听说我们要做高档门窗五金件后连连摇头。 12

他的话“刺激”了我，回国后便决定自行制造五金件。后来在多方配合下，硬是做成高质量的国产平开翻转门窗五金件，同时注册了70多项专利。当时，北新的一套五金件售价只有60多元，一下便打开了新市场。 13

北新还有一个好产品，那就是塑料静音管。在向国外公司采购时由于对方开价过高，北新只好继续走国产路线。与华南理工大学和无锡注塑机厂共同开展合作研发，终于生产出国内第一根塑料静音管以及塑料静音管件等类似产品。 14

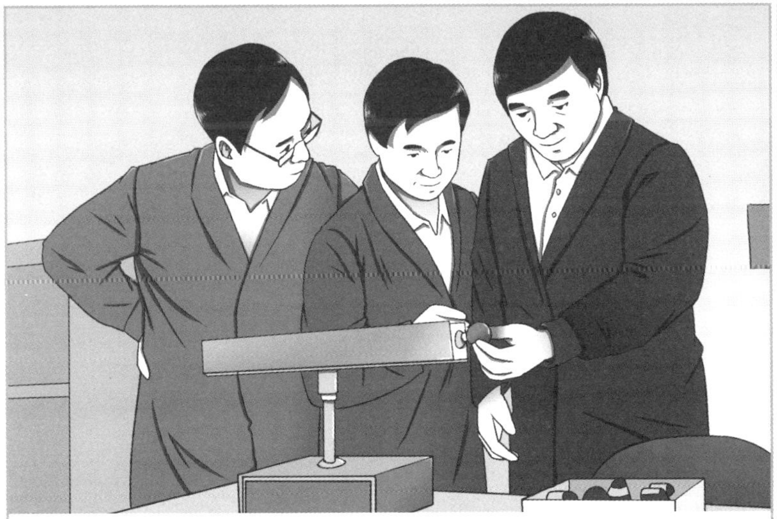

在北新的住宅产业化过程中，原则是“尽量控制初始投资”。这些新业务的开辟，还给企业的年轻人搭建了更大的事业舞台，发挥了他们的聪明才智。

15

但此时国家出台限制低密度房屋即别墅房屋的建造，只允许建设高层和小高层楼房的文件，这使企业许多计划落空。时任建设部部长汪光焘建议新型房屋可向农村推广，可惜当时受成本限制也未能实现。但企业还是把新型房屋业务坚持下去。

16

12 四位一体（下）

我国建材零售业比较分散，常常是一家一户的小门市，后来聚集起来也不过是建材市场或建材一条街。而在西方发达国家，建材零售基本上都是通过大型建材超市，比如美国家得宝、英国百安居，这些全球连锁公司都是世界500强企业。随着互联网的兴起，仿佛整个传统商务模式都要被颠覆一样。此时，我也开始思考能与时代接轨的新物流模式……

01

1988年，我去美国时拜访了家得宝总部，觉得它们的理念很新颖。后来，去加拿大期间我又重点参观了多伦多地区的仓储式建材超市，于是希望北新也能在中国开展建材超市业务。

02

实际上北新已经在莫尔斯比港经营了几家小型建材家居超市，但没有运营大型仓储式建材超市的经验，所以锁定的合作对象是当时刚在上海落地的英国百安居。上海百安居的总经理名叫田浩，人很能干，思路很新，是一位标准的职业经理人。 03

北新计划在深圳与英国百安居合作建一家大型建材超市。当时深圳珠江建材公司在深圳罗湖区笋岗仓库区有一处5万多平方米的闲置水泥库，后随珠江建材公司一起被收回，用于建设超市。 04

此时正好曹江林也从巴新调回，我们两人便去英国与百安居总裁进行谈判，并且拜访了百安居的母公司翠丰集团，还参观学习了他们的仓储配送系统。经多方努力终于拿下了与百安居合资的批文，打开了外企进入中国建材零售业的大门。 05

深圳的百安居很快便开业，时任深圳市副市长王穗明也参加了开幕式。开幕式前忽然下起了大雨，广东人认为开业下雨是好事，预示生意兴隆，大家都很开心。后来，这家店一直保持着良好的业绩，也是百安居在中国的旗舰店之一。 06

当天，我和王穗明副市长聊天时得知，她的母亲原来是广东建材局的领导，所以也有建材情结，我们聊得非常愉快。后来，北新又在深圳引进了麦德龙建材超市，时任深圳市市长的李鸿忠还专门表扬北新为深圳引进了两家世界500强企业。 07

随后，我们又与百安居合作在北京连续开了三家店。但是中国人装修习惯请装修队代理，而购买建材又喜欢货比三家。这些市场文化让百安居有些水土不服。 08

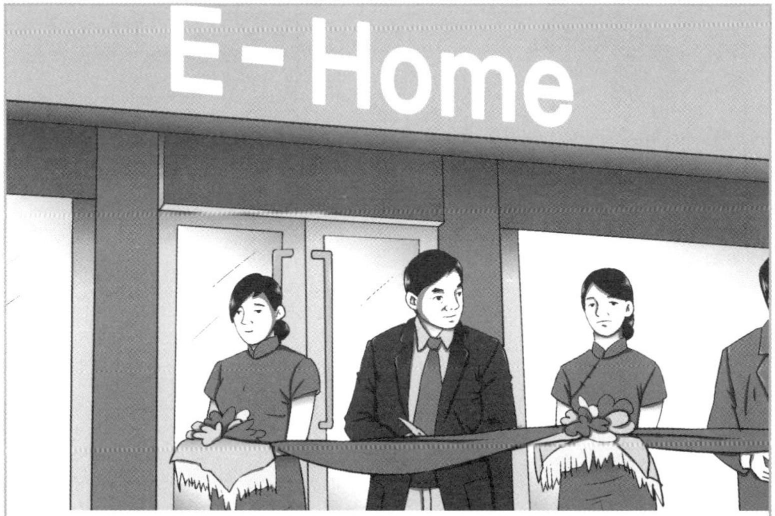

我们把深圳珠江建材公司更名为北新物流，再与百安居业务、巴新公司在南太平洋的家居连锁业务和国际建材五金出口业务整合。北新物流在深圳开设E－Home（易好家）连锁店，后来经营出现亏损，只好忍痛割爱打包卖给了国美。 09

除了实体经济外，电子商务也逐渐从美国普及到中国。到了1999年，好像每家企业都要建立电子商务网站，大家纷纷抢注域名，上市公司的股票更是“触网必涨”。我也在读完美国作家托夫勒的《第三次浪潮》后，思考如何发展企业的电子商务。 10

有一次，在香港出席一个电子商务发布会时，一家当地的企业希望与我们合作。回京后，北新建材便成立了北新数码公司，负责电子商务网站的建设。

11

北新数码注册后得有域名才能建站，但和建材相关的好域名都被别人抢注。我们只好找到国家建材局的信息中心，花200多万元买下它们注册的“中国建材电子商务网”域名。我又给加了一个“总”字，创立了“中国建材电子商务总网”。 12

我们先在中关村上地开发区买了栋小办公楼当办公地点，再从社会上其他互联网公司召集人马，最后加上北新原本懂计算机的年轻人，迅速组建了一家有影响力的互联网公司。

13

北京香格里拉饭店的咖啡座是互联网粉丝的聚集地，大家见面就谈B2B、B2C，几乎一人一个网站，每个网站都开价不菲，价格都在五六千万元。

14

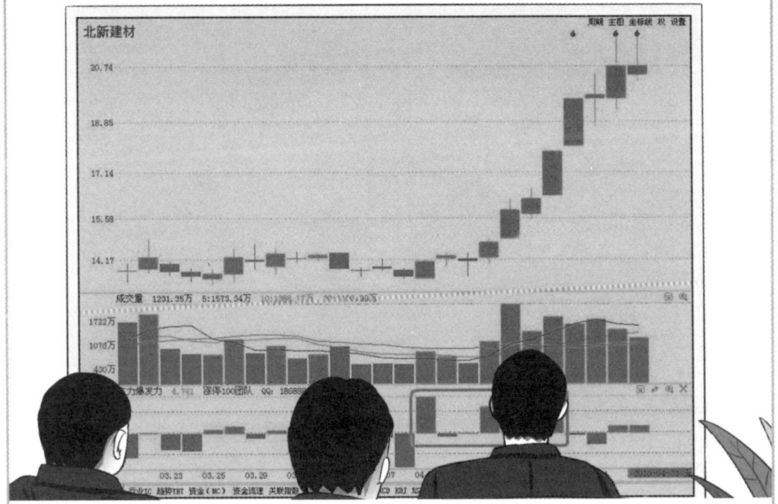

触网后，北新建材的股票也连续出现七个涨停板。北新建材因触网也募集了不少资金。但好景不长，互联网泡沫先在美国破灭，从2000年开始，中国的互联网上市公司也一蹶不振。北新数码也没能坚持下来，最后被并入了深圳的北新物流公司。 15

13 代表大会

1997年9月12日，党的十五大在北京召开，当时，大家对国企改革是否一定搞股份制改造，多元化的股份制公司是公有性质还是私有性质等问题的认识还有些模糊。那时候，国有企业改革是经济体制改革的中心环节，也是整个社会最关心的问题。通过那年北新上市，我则体会到，国有企业上市引入社会股东不应视为私有化，而是加大了国有资本的控制力，上市过程中也壮大了国有企业的实力和竞争力。 01

大会上，国家经贸系统的党代表有王忠禹、李荣融，还有四个直属工业局的局长和我。 02

党的十五大的一个重要议题是国企改革，记得会议前夕学习和讨论相关文件时，大家对多元化股份公司的性质进行了讨论。陈清泰同志拿了一本《资本论》，上面有一段马克思关于股份公司是对私有制扬弃的论述。 03

会议期间的分组学习讨论则是在各自的驻地。虽然其间不许请假离开驻地，但却能见到平时许多难得一见的部委领导，所以这次会议也成了我和领导们认识沟通的好机会。

04

我对门住的是李荣融同志，他当时任国家经贸委副主任，他喜欢读书，而且看书很细致。会务组在主楼的二楼大厅设有临时售书点，休息时我陪他去那里看了几次书，他还给我推荐了一位深圳女作家写的一本书，名为《感悟》。

05

休会期间，会务组还给代表们放电影，我忙里抽闲也去看了一场，电影的名字叫《一棵树》，讲的是几代人植树治沙的感人故事。

06

在会上，党的十五大报告用了很大篇幅讲经济体制和国企改革。那时候，国有企业改革是经济体制改革的中心环节，也是整个社会最关心的问题。

07

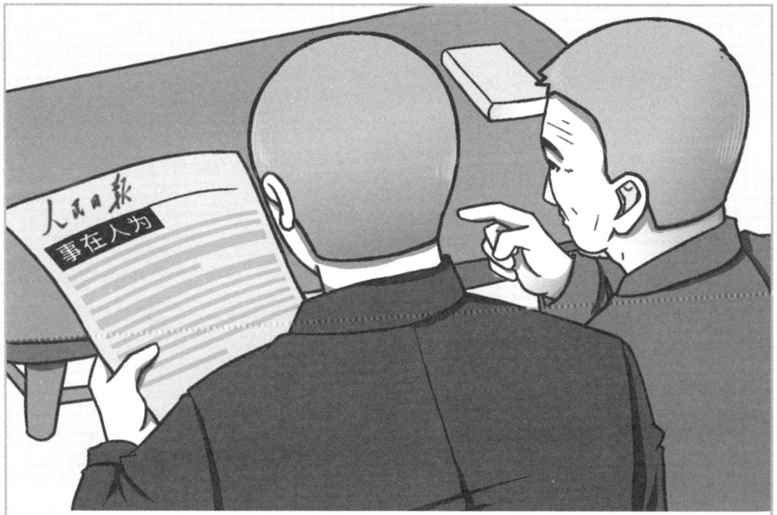

会议期间，《人民日报》资深记者朱剑红专门采写了我带领北新建材进行改革发展的报道，题目是《事在人为》。父亲的老同事拿着这份《人民日报》到我家给我父亲看，认为我为家乡争了光。 08

大会结束后我回厂时，厂里的干部员工们在办公楼前的广场上迎接我，大家的脸上都洋溢着喜悦之情。 09

确实，我作为北新的厂长能被选为党的十五大代表，是工厂的荣耀，也是全体干部员工的荣耀，这份荣耀也被载入北新发展的史册。 10

在北新的经营过程中，
让我遗憾的是有两件事没能坚持下来。
一个是电子商务，一个是家电零售。
细细想来，这些项目生不逢时，
当时上市公司要业绩，一旦项目出现亏损就必须砍掉。
现在，这类项目可以引入基金投资，
过几年有了业绩上市后，
基金可以全身而退，
可那时候还没有成熟的基金公司。

第 三 章

水泥缘因

01 央企赴任

我大学毕业之后来到北新厂，一干就是23年，从一名技术员做到董事长，对它有着十分深厚的感情。当时的中新集团有几十家下属企业，只有北新有一定规模和效益。除了北新，还有一家集团控股的上市公司中国化建、八个科研院所，规模均不大，财务公司也是一个问题公司，还有一些困难重重的中小企业。

01

2002年年初，中央大型企业工委领导找我谈话，希望我去上级单位中新集团任总经理，当时的中新集团总经理葛铁铭也推荐了我。

02

我心里有些纠结，一是北新经过十年奋斗打下了一个很好的基础，可以大干一番了；二是中新集团当时陷入困境，我也不知道该怎么办。十年前我临危受命出任北新厂长的一幕仿佛又重演了，我知道是时候离开北新去中新集团了。

03

其实，十年中我也有离开北新厂的机会。上级组织部门曾两次来找我谈，但我实在不想离开北新厂，也犹豫离开后工厂能否顺利发展。

04

我在工厂工作惯了，每天都要看到工人上班，看到客户进货，看到财务报表。这些看似寻常的东西，早已融入我的血液。

05

回想起当厂长的这段时光，我都是和大家同舟共济。中新集团27万元奖金和中关村园区10万元奖金，我全部充公交给厂财务处处理。有两次北京市给予企业一把手住房购买优惠的奖励，我都让给了管理骨干和技术骨干。

06

那时候，30多万元就可以在昌平买个像样儿的别墅。有人可能觉得我这样做有些冒傻气，但我觉得做企业领导最重要的是让大家满意。让我特别欣慰的是，我的家人一直很理解我的这种做法。

07

我当厂长十年，没有和干部职工红过一次脸。我有时也批评干部，但都是以循循善诱的教育方式，我反对那种上级对下级吹胡子瞪眼的做法。

08

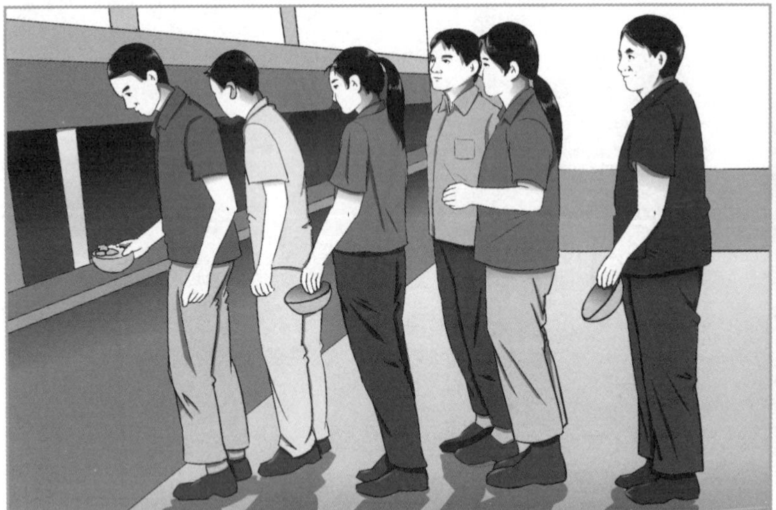

我每天中午和员工一起在食堂排队打饭，他们也从不在我吃饭时向我反映问题，他们是打心眼儿里尊敬我。尽管我和大家都住在宿舍楼，但休息时我们从不互相打扰，所以厂里上下都很融洽。 09

2002年3月13日，经国务院批准，我被任命为中新集团总经理。由于国家拨转贷，中新集团试行贷款下放地方经营。但除了北新外，大多数下属企业都陆续垮掉，还给母公司中新集团留下了大量无法偿还的负债。 10

当时的中新集团年销售收入只有20亿元，大多来自北新，而中新集团的32亿元贷款已经全部逾期，企业没有任何信用等级可言。形势十分严峻。 11

上任之前，我仿佛又回到了十年前刚接任北新厂长的时候。中央大型企业工委领导又找我谈话，让我倍感压力。前任葛铁铭总经理还打电话跟我说：“我从弹坑里爬出来了，该你进去了。” 12

谈话时，中央大型企业工委领导说："现在中非公司做得很好，而你们中新公司却很差，你肩上的担子不轻啊！"那次谈话我只是默默地听。几年前，这位领导写了一幅字送给我，他说这是他对我的印象。 13

就职当日，我在主席台上，忽然收到一份法院冻结集团资产的通知书，我看了一眼便放到一边。其实多年来常发生上台讲话前收到令人不快消息的情况，我总提醒下属，如果不紧急就等讲完话再通知，以免影响大家情绪。 14

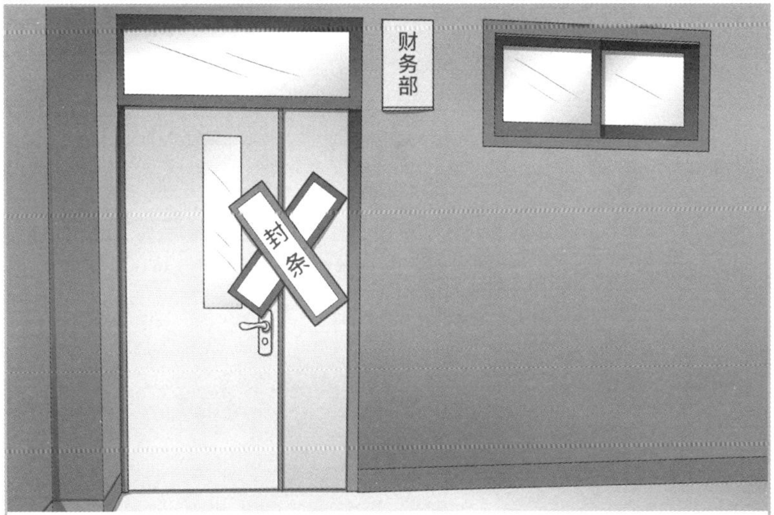

此时的办公楼已经被债权人"叠封"了，集团后面的小院里也不敢停放公车，稍有不慎就会被法院扣押。财务部办公室的门上也被法院贴封条，财务经理说："白天不敢进去，只能晚上揭开封条进去办公。"我听后只有苦笑。 15

有趣的是，在一次中组部的短训班上，我居然和查封我们资产的那家资产管理公司的老总坐在一起。有时候现实比文学作品更会捉弄人。 16

02 公司更名

过去贷款时是计划经济，现在还款时是市场经济，中新集团的这些债权人都有法务部，动不动就会拿起法律的武器与我们“兵戎相见”。到中新集团就职的第一年，我并没有急着出去“跑马圈地”，而是一边清理逾期的债务，一边整理集团的内务。在整理集团内务方面，我的一个目标是让中新集团有央企总部的面貌，尽管它可能是央企里最小的总部。

01

当时我觉得躲债、硬扛都不是办法，只能与对方认真协商，找出一个债务处理方案。北新集团的企业信用很好，有不少债权人觉得宋志平来中新集团，欠债总算有着落了。

02

那时，我一天到晚都在一家家地谈债务的处理方案。不过最难的一件事还是还现金。当时，信达冻结了中新集团在上市公司中国化建的股权并启动了拍卖程序。

03

我只好向北新借钱还清所有贷款。还有一个更大的危机：国家刚放开房地产市场和非银行财务机构时，就批准中新集团建立相关公司。但是这两项业务都没经营好，成了更大的隐患。

04

那时我恰好看到一本叫《粤海重组实录》的书，讲的是广东省如何处理广东国际信托和粤海集团两大危机。其方法是重组保留粤海集团，宣布广东国际信托破产，这个情况与当时的中新集团有点儿像，只是这两家企业的规模远远大于我们。 05

我觉得这个重组方案值得我们参考，索性买了10本书带回集团让同事们学习。后来，我们的处理方法也确实和粤海重组有点儿像：保住了中国化建的股权，后更名为中国玻纤，把财务公司交给海航集团进行债务重组。 06

耗时一年，中新集团总算渡过债务危机。2002年12月20日，信达资产管理公司与中新集团达成债务重组协议，一次性重组20亿元的债务。正所谓不打不相识，我们和信达也因此建立了长久的友谊。2003年春节时，中新集团可以重新起航了！ 07

外部矛盾化解后，我又像当年一样，着手解决内部的“病根”。中新集团的小院有十多年的历史，年久失修变得脏乱不堪，很难想象这是一个央企总部。

08

第一件事是修整院墙和院子，拆除各种临建房和对外经营的洗车场，再用透水砖铺路，后又从北新挪来一些龙爪槐。绿化后还在院里放置一块泰山石，并修建旗杆。小院一下子充满了生气。 09

第二件事是整修办公楼。请清洗公司把办公楼的外立面整体清洗，再对办公楼内进行重新装修，隔墙、吊顶、地板等全部采用集团下属企业的新型建材产品，办公楼的门改为旋转门，大厅变得很豁亮，办公室和会议室也显得很宽敞。 10

第三件事是修整职工食堂。我们的食堂用地被别人租走，谁知这些租户蛮横无理，一直赖账不交租金。于是我报警“请走”他们。重新装修后，每天由北新食堂准备好饭菜，配上水果和饮料送至餐厅，职工们都很开心不用再上街找饭吃了。 11

第四件事是改造家属区。把整个家属区的用电线路全部更换，装上了新的大功率变压器，冬季取暖的煤锅炉改成了天然气锅炉，院子里的道路也全部修整一新，粉刷了楼外墙，还给家属楼装上了防盗门。 12

礼仪课

干部们在着装和礼仪上显得很散漫。我又专门从北京第二外国语学院请来老师教大家外事礼仪。公司也为干部们统一定做西服。我希望集团是小总部类型，就将其缩减至8个部门、100多人。部门精简、人员精干，整个集团从上至下焕然一新。 13

我们的办公楼位于北京紫竹院南路北口，因为体积小，又不在主干道上，常常有客人找不到。有时客人已经到了我们楼下，还在找中新集团的办公楼。幸好，楼前有对汇丰狮算是一个路标，客人们来了只要找门口有狮子的小办公楼就对了。 14

其实，我去英国访问时，发现不少世界500强企业的总部都设在小办公楼里，只不过装修得很有品位。我总是对别人讲，央企总部办公室够用就行了，用不着太豪华。后来，也正是在这栋小楼里，中新集团进入世界500强企业的行列。 15

那些日子里，除了清理债务和整理内务外，我每天都在想企业下一步该怎么办。中新集团辉煌时，高举发展新型建材的大旗，借助国家支持在全国开展了不少项目。但我接手时，企业的竞争力已无法适应当时的市场了。 16

我喜欢自己想问题，也喜欢听取别人的意见，遇到难题还常去书本里找答案。小时候，家乡有句俗语对我的影响较大，叫“听人劝吃饱饭”。我18岁在河北农村插队当生产小队的队长时，就是请了5位有经验的老农组成“诸葛亮小组”帮我。 17

振兴集团还得靠有实才的老领导和老专家出谋划策才行。我便组织召开战略研讨会。集团内有些人不理解：“我们都吃不上饭了还讨论什么战略？”

18

当时，国家建材局撤销不到两年，建材局的专家、领导都还年富力强。战略研讨会上大家各抒己见，气氛很是热烈，但结论却让我大吃一惊。大家的意见出奇地一致，竟然是必须开展水泥业务。 19

集团原本是致力于发展新型建材的，而我又不懂水泥，集团内外都开始质疑。我说服大家，即使做水泥也不会放弃新型建材业务，还可以用做水泥业务挣的钱推动新型建材业务的发展。

20

当时水泥行业正处于向新型干法转化的阶段，国家的城市化运动刚刚开始，集团内又有之前兼并的中联水泥公司这样的资源可用，确实有很大的市场机会。

21

中国人信奉“名不正言不顺”，公司的战略调整也涉及对公司名字的重新考量。我决定把公司更名为中国建筑材料集团公司。我还让人在机场路上做了大路牌广告，而且每周都在《中国建材报》刊登整版形象广告，很快企业的形象便扎根市场。

22

03 效益优先

做企业究竟是为什么？如果离开效益，一切都是空谈。但长期以来，国有企业的导向却发生了偏移，大家更多地追求表面的东西，干部们也习惯于定性描述问题，而少有定量化的表述。当时，国内正熬过了重症急性呼吸道综合征（SARS）带来的疫情，社会开始恢复生气，集团也要着手恢复发展解决温饱问题……

01

2003年春，在中新集团工作的一年里，我带领企业完成了债务重组，装修了办公楼，并且更名为中国建材集团，终于可以轻装上阵做些事情了。可偏偏这时，大范围的SARS暴发了。

02

SARS期间，北京市要在昌平的小汤山建一座隔离医院，相关负责人询问我：“北新建材能否七天内把医院建起来？”我担心北新建材没那么多安装工人会误事，后来，北京市动用了北京城建等几支队伍共同奋战。 03

不少建材都是北新供应的，尤其是塑钢门窗，工厂昼夜加班支援医院建设。在危急时刻，作为一名国企领导者要履行自己的政治责任和社会责任，所以在建筑材料上我们没有收取任何费用。 04

6月中旬，SARS疫情基本结束。于是，我乘车去山东滕州的鲁南水泥厂做调研。当时，很多高速路口不让北京牌照的汽车通过，我们便绕路而行。一路上还有市政人员往轮胎上喷消毒液。 05

鲁南水泥是集团承债3亿多元本金、有条件减免9亿多元利息兼并来的。当时，中联水泥共有三个企业，相较之下，只有鲁南水泥算是当时比较先进的大型水泥厂。 06

鲁南水泥厂的现场管理不错，干部们对我的到来充满期待，但没想到我们在经营理念上产生了分歧。鲁南水泥厂的干部们讲了很多关于企业发展、企业文化和省里领导号召“全省学鲁南”的话，却闭口不谈企业的效益指标。 07

我在北新建材做了5年上市公司的董事长，习惯先问企业的经济效益情况。我得知企业并不赚钱后对他们说：“全省学鲁南，鲁南不赚钱，学什么，怎么学？” 08

这让我想起刚到集团公司工作时的情景。那时已是2002年3月了，集团要开工作年会，却不知道公司2001年的经营数字。办公室只能给下属企业逐个打电话要数字。作为市场上靠钱吃饭的企业，却说不出自己的经营效益，这事让我哭笑不得。 09

我告诉鲁南水泥的干部们，做企业应该效益优先，不要把我当成领导，而要当成股东。如果把我当成领导，热情接待就可以了，但如果把我当成股东，就要把效益讲清楚。 10

其实，我内心非常肯定鲁南水泥，我曾亲自给它争取到日产5000吨的双加项目。因此，鲁南水泥的干部们很尊敬我。后来，鲁南水泥无论是效益还是人员都成为行业标杆。

11

2004年，我在集团工作会上的讲话稿是我利用春节假期完成的，核心是讲企业是什么、经营企业为了什么，从而引导企业的干部们把创造经济效益作为首要目标，并引入企业绩效和价值理念。

12

我来到中新集团后，由曹江林接任北新建材的董事长，王兵任总经理。我虽然已在集团工作，但北新建材仍是我最关心的企业。不久，北新建材便重组了山东泰和石膏板公司，这件大事奠定了北新建材成为全球最大规模石膏板企业的基础。

13

山东泰和石膏板公司是一个全员持股的企业。泰和的领导者是贾同春。泰和的生产线投资成本低，采取成本领先的竞争战略，而北新建材则采取高质量差异化的竞争战略。两家企业的产品和市场定位不同，但也属于竞争关系。

14

我一直主张与泰和联合，担心泰和被跨国公司收购。那些年，我一直和贾同春保持友好关系，在北新、泰和两家出现竞争时也会让北新退让一步。2005年，地方政府搞改制退出，挂牌转让泰和的地方国有股权。 15

此时，我们准备连贾同春代表的员工团队都举牌要买。我和曹江林、王兵赶到泰安市做通了市领导和贾同春的工作，由北新建材收购政府出让的股权，后来又收购了职工自愿出售的员工股，而保留了管理层的持股。 16

那次我和市长谈得很投机，他执意送我到高速公路口，还说想把泰安的另一家建材企业也给中国建材经营。我常想，做企业离不开人与人之间的沟通，中国建材成功重组泰和，关键在于泰安市政府和泰和的干部员工认同中国建材的战略和文化。 17

在进行了完全公开的签约仪式后，我收到了集团老领导阎盛慈的短信，他说北新建材和泰和重组的意义要胜过当年北新建材在深交所上市，有助于北新建材的可持续发展。

18

重组后，北新建材持有泰和65%的股份，但泰和公司的董事长仍由贾同春担任。两家公司针对市场进行区分，在技术方面则互相学习。北新和泰和的重组让我们探索出一条“一企两制”的道路，分品牌、分层级地占领了市场。 19

04 香港上市

中国建材集团计划大规模发展水泥业务，可水泥是重资产业务，一个水泥企业的投资少则十亿元左右，多则二三十亿元，资金问题成了“拦路虎”。这让我想到上市公司，想到从资本市场要资金。可当时集团旗下只有北新建材和中国玻纤两家上市公司，规模偏小，业务也和水泥相去甚远，显然做水泥不能靠这两家上市公司。

01

那时，中国水泥协会的雷前治会长经常问我资金上的问题。我想到从资本市场要资金，可当时集团旗下没有和水泥业务有关的上市公司。

02

2004年年初，我们计划收购一家水泥上市公司借壳增发股票，经调研发现大同水泥比较适合。此时，大同水泥也希望加入中国建材。

03

收购人同水泥采用的是地方政府划转的方式，很快就得到财政厅的批文。但没想到的是，这个项目遭到当地一家银行支行的反对，这家银行作为债权人查封了大同水泥的股权，还向我们提出了一个代为归还巨额债务的要求，导致收购中止。 04

一天上午，我在办公室看到报纸上说可以把A股打包做H股上市，这让我兴奋不已，马上通知办公室下午开班子会，研究在香港上市的问题。 05

经过反复研究，办公会决定把集团的两家A股公司、水泥业务和其他优质资产打包组成股份公司，做好在香港上市的前期准备。集团也成立上市筹备组，我任组长，曹江林负责具体工作。 06

当时很多中介机构都想参与上市合作，但看到全部业务也不足2亿元的利润后又都放弃了。几经周折我们才说服摩根士丹利同意试试，其方案是中国建材必须找一家国际知名跨国公司加盟，并且对方至少要持有中国建材上市公司10%的股权。 07

整个2004年我们都在为组建上市公司而四处奔走，但却没有一家跨国公司对投资我们的上市公司感兴趣，倒是打听到许多中国水泥市场的行情。

08

2005年3月28日，中国建材股份有限公司正式成立。因为外界都不相信我们能在香港上市，所以没有进行大张旗鼓的宣传，只低调地举行了简短的仪式。但对中国建材来讲，却是一个大事业启动了。

09

2005年7月的一个傍晚，摩根士丹利的分析师来集团见我和曹江林，他说中国建材上市还不能设时间表。因为当时受到国家宏观结构调整影响，基础建设遇冷，上市得把握住回暖大潮，不然影响上市后的融资金额。

10

送分析师离开时天下起了雨，我的心情也低落到极点。那段时间，不光摩根士丹利，其他中介机构也没有积极性，上市筹备组冷冷清清。曹江林隔些日子就让我鼓励一下大家。

11

2005年10月，摩根士丹利的北京总代表跟我说，全球资本市场开始看好中国的基础建设市场，建议重新启动中国建材在香港上市的工作。随后，摩根士丹利抽调富有经验的专家指导我们上市，很快上市工作就进入了快车道。 12

我们比较顺利地向香港联交所递交了上市申请文件A1表，春节过后拿到中国证监会的H股上市批文，2006年2月23日通过香港联交所的上市聆讯，各项准备工作完成得差不多了。 13

上市前要进行全球路演，给全球投资者讲企业的故事。在摩根士丹利公司接受相关培训后，我们启程前往中国香港、新加坡、伦敦、纽约、波士顿、旧金山路演，在伦敦进行股票定价，每股2.00～2.60港元。 14

路演是一个很辛苦的工作。两个星期内平均每天七八场。路演期间我们在多个城市间奔波，有时候飞机降落我竟分不清是清晨还是傍晚，时差把人的生物钟完全搞乱了，辛苦程度可想而知。 15

在路演中，投资者最关心的是水泥业务，问得最多的也是我们的水泥发展规划。

16

随着路演的推进，投资者的反响很好，购买意愿强烈，我们又把定价调高到每股2.30～2.75港元，最终把发行价定为每股2.75港元。

17

巧合的是挂牌上市时间3月23日和股票代码3323正好吻合。这次全球投资机构和中国香港股民的认购都很踊跃，我们共募集到21亿港元。

18

那天，股票以每股3.25港元的价格开盘，最高涨到每股3.35港元，以每股3.32港元的价格收盘，较发行价涨了21%，全天成交金额高达12.5亿港元，成为香港联交所当天的第二大成交股票。当天我们便成了媒体关注的焦点。

19

05 水泥重组

徐州不只是古代兵家必争之地，也是现在水泥企业必争之地。在整个江苏只有徐州有石灰石矿山，又有京杭运河穿城而过，因而水泥企业都看好徐州。徐州有一个巨龙水泥厂，原来叫淮海水泥厂，在计划经济时代是国家统配水泥厂。其投资中有3.2亿元国家拨改贷的资金，这些资金虽然划给了中国建材集团，但由于集团和徐州市政府沟通不畅，始终无法确权。我任集团总经理后，决心解决这件大事。

01

一次，我听说徐州主管工业的李文顺副市长抵达北京，便一早赶去拜访他。在拜访中他也透露希望中国建材集团帮助工厂进行技术改造，我就立刻答应了。

02

李市长回徐州后便汇报此事。我随即让集团财务将8000万元项目资本金转账给巨龙水泥，确权问题才得以顺利解决。很快，徐州巨龙就靠这些钱建立了两条日产5000吨的水泥生产线。

03

可谁知徐州海螺在离巨龙水泥只有40公里的地方建立了一条日产万吨级的水泥生产线，双方由此展开了激烈的竞争，水泥价格也一跌不振。两家企业都出现了亏损，情况十分危急。

04

我曾想找海螺集团的董事长郭文叁谈谈，但他只是找人传话不同意收购。此时要么两家继续恶性竞争，要么我们收购徐州海螺。但中国建材那时水泥规模还很小，收购徐州海螺简直就是“蛇吞象”。 05

我先后多次派中联水泥董事长崔星太和曹江林去谈判，谈判原则是价格可商量但必须达成收购目的。谈判艰难，但最终达成目标。 06

2006年7月1日双方交接时，举行了名为“中国建材集团和海螺集团战略合作签字仪式”的活动，回避了“收购兼并”的字眼。有媒体评论说中国建材多付了钱而海螺输了战略。其实确切地说，应该是中国建材赢得了战略，而海螺赚到了钱。 07

仪式结束后，郭文叁回办公楼给干部们讲话。他讲完下楼后我俩长时间地握手，我看到他的眼睛都湿润了，我想这个企业就像他的孩子一样，把孩子转交给别人，心里一定不好受。 08

在一个月内，双方干部和技术人员顺利配合完后续交接工作。2006年下半年，水泥价格得以恢复，当年赚的利润就弥平了企业收购价的溢价部分。随着重组水泥企业的增多，我还去请教郭文叁帮我解惑。

09

水泥是区域性产品，合理的经济运输半径最多只有200公里，所以要按照区域组建不同的公司。中国建材在淮海经济区整合中国联合水泥的同时，也着手开始组建南方水泥。

10

当时选择浙江当突破口，是因为当地民营经济发达，造成上百家独立的水泥企业参与市场竞争，激烈的价格战让所有水泥企业都在亏损。

11

我们筛选浙江的水泥企业后，发现其中四家企业的水泥总量占市场份额的50%，于是第一步便是整合这四家企业。但这四家企业都已找到合作对象，我们恰恰是在这个时候约到这四家企业的掌门人。

12

2007年春，我们把四位水泥企业的老总邀请到杭州西湖边的汪庄进行会谈。说服他们放弃与其他企业合作，因为那种合作相当于他们分别请来“雇佣军”接着打，并不能解决市场混乱的实质性问题。 13

中国建材则希望把大家联合在一起，不再进行恶性竞争。我还端出“三盘牛肉”：第一盘是收购价格公允，第二盘是给予30%股权，第三盘是保留经营层为新企业的职业经理人。他们被我的话打动，最后决定接受中国建材的水泥业务重组方案。 14

我们在做水泥业务重组时还聘请了原国家建材局副局长、中国水泥协会会长雷前治当总顾问，雷会长还请来时任浙江水泥协会会长李辛龙帮忙。汪庄会谈时，两位会长也亲自坐镇。 15

重组中，我们还得到了地方政府的大力支持，和浙江省政府签署战略合作协议，保障了后续的工作顺利展开。 16

南方水泥的企业分布在江浙沪和江西、湖南、福建、安徽等地，把总部设在任何一处都不合适，于是在2007年秋，我们把总部设在上海，运营总部则设在杭州。

17

在南方的水泥公司中，除了浙江的四大水泥公司外，还有湖南的韶峰水泥、江西的万年青水泥、福建水泥等。它们都是国家投资的有地方特色的知名水泥企业。

18

韶峰水泥也是一个比较典型的传统国企，人多负债高。最后，作为出资方之一的湖南省国资委把债务和多余人员的问题都帮我们解决了。

19

南方水泥公司的股权中有30%属于重组加入的原企业股东。民营企业的加入不仅节省了我们的资金投入，还为企业带来了市场机制。民营企业的领导人则转化为职业经理人，也为南方水泥提供了干部来源。

20

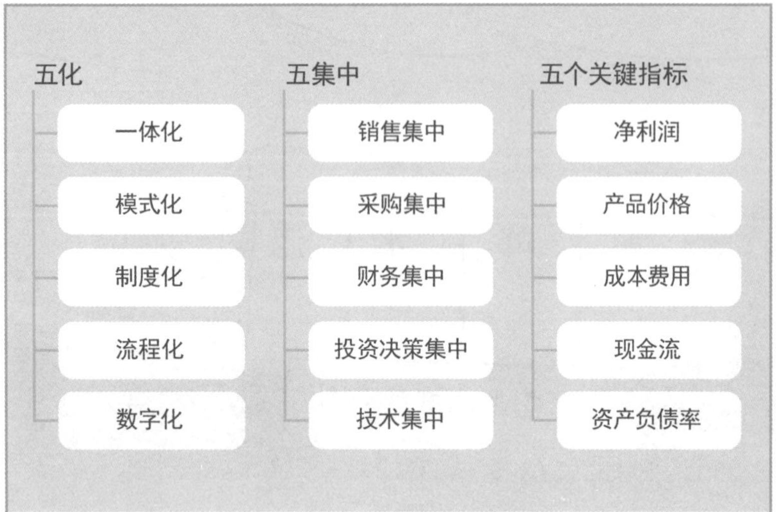

收购过程中，我归纳了大家的思路和做法，提出“五化”管理整合方法。之后，我们又进一步归纳出“五化”“五集中”“五个关键指标”的“三五”管理整合模式。

21

随着大规模联合重组的推进，我在“三五”管理的基础上，进一步精练出“八大工法”和“六星企业”。

22

在南方水泥重组过程中，社会上一些人并不了解实情，就开始评论为“国进民退”。后来南方水泥的顺利发展很好地驳击了这种言论，仅2011年一年税后利润就达56亿元，三年内就将100亿元的总投资全数收回。

23

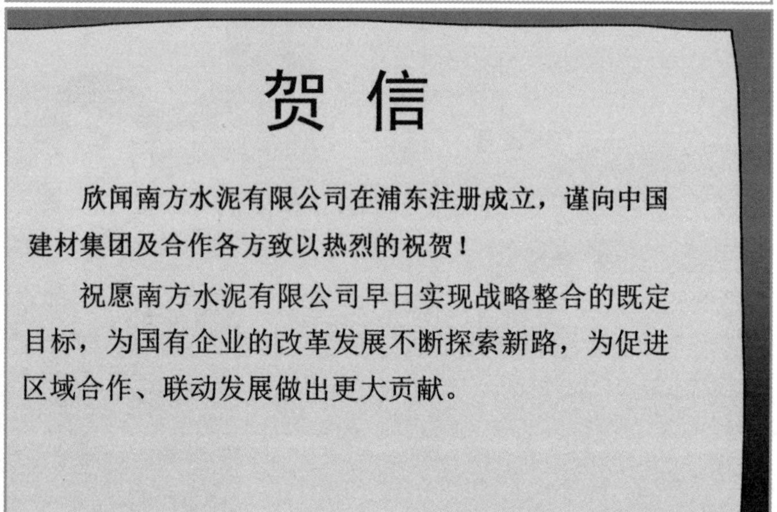

2007年9月26日，各地领导均来参加南方水泥的成立大会。最令人兴奋的是时任上海市委书记习近平同志亲自写来贺信。习近平同志不仅肯定了南方水泥所付出的努力，也为我们全体上下指明了发展方向。这是对我们最大的鼓舞。

24

06 共渡难关

2007—2008年，对于中国来说是个多灾多难的时期。美国爆发次贷危机，并很快演变成全球的金融危机。在举国上下齐心努力刚渡过金融危机时，我国又发生了里氏8.0级的5·12汶川地震，共造成69227人死亡，374643人受伤，17923人失踪，是新中国成立以来破坏力最大的地震。而面对这些灾难，作为国企自然要担负起社会责任，和国家共渡难关。

01

金融危机开始后，大家压力都很大，我也常常到中国建材股份公司去鼓舞士气。可祸不单行，再融资计划在政府审批了两年之久，以致股票增发错过窗口期。资金一下没了着落。

02

市场上还传闻称中国建材已没钱发股票了。幸好金融危机没有伤及中国的银行体系，在此关键时刻一次性为我们提供了100亿元贷款，使我们渡过了南方水泥重组的资金危机。

03

这件事让我想到两点：一是政府某些部门的审批效率太低，本可以用国际资本市场的钱完成水泥业务重组，结果却耽搁融资，失去了千载难逢的机会；二是企业一定要与金融机构建立良好的合作关系，关键时刻银行能雪中送炭。

04

这次国际金融危机主要影响我国的外向型经济，当时一些建设项目也受到影响。我在杭州开会时说相信国家会解决。

05

有一天深夜，办公室突然来电说有紧急通知。起初我有些不知所措还很紧张，后来知道是国务院召开扩大投资拉动经济的会议通知，便喜出望外。

06

那次会议是时任中央政治局常委李克强同志主持，时任国务院总理温家宝同志做了重要讲话。中央拿出4万亿元加大投资力度应对金融危机。那次中央投资正是起到了四两拨千斤的作用，带动了地方金融机构的投资，使我国平稳渡过危机。

07

后来，我去俄罗斯时发现，全球金融危机重创了俄罗斯经济，直到2011年还有大量的建设项目处于停滞状态。相比之下，我国的救市措施是十分有效的。

08

2008年5月12日下午，我们正在开集团办公会，忽然接到成都企业的电话，说当地发生大地震，我们的建筑和装备受到破坏，但损失不大。很快消息从四面八方传来，四川省汶川地区发生了强烈地震。 09

我们在成都的两家企业都受到地震的影响，但因现场处理得当，没有出现安全事故。发生特大地震后，灾区最需要的就是临时房屋。中国建材集团当即决定捐赠300套轻型房屋给汶川灾区，这是企业界第一个对地震灾区捐赠安置房屋的行动。 10

随即北新集团生产的第一批房屋运抵四川。我随后也赶到成都，和国资委的领导一起到德阳汉旺镇的东汽生产基地。汉旺镇当时现场一片狼藉，惨不忍睹。于是中国建材决定再赶做500套过渡安置房屋。 11

500套房屋很快就生产出来，在德阳市政府规划的一块土地上安放。这项任务由北新集团承担，工程技术人员都住在当地的临时建筑里，我则去施工现场看望并鼓励大家。 12

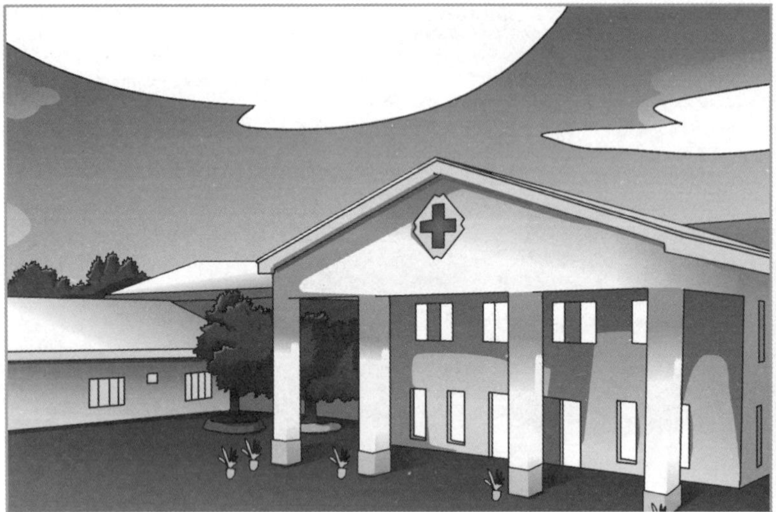

除了住房外，中国建材集团还在都江堰捐建了一座面积达一万平方米的二级甲等医院，全部采用北新房屋体系。这个医院从设计到交付用时仅三个月，是灾区第一个竣工并投入运营的医疗卫生服务项目，极大地缓解了灾区人民就诊的难题。 13

受灾最严重的地区是绵阳市的北川县，为支持重建，我们接手一家因地震损失了筹备班子的江苏民营企业的项目。开工仪式当天，我们站在废墟上，顶着暴雨完成了仪式。 14

为了帮助灾后重建，我们还在成都青白江建设新型房屋工厂以及新型房屋绿色小镇。建设中，当看到不少地方援建的房屋仍采用抗震性差的砖混结构时，我十分伤感。改变一个传统观念是多么难啊，即使我们已经付出了血的代价！ 15

中国建材集团在汶川大地震后的救灾表现彰显了一家央企的高度社会责任感。在一次四川省和央企的对接会上，国资委领导向时任四川省委书记刘奇葆同志介绍我时说：“志平是地还在震动时就来支援灾区了！”我听到后，心里感到很温暖。 16

07 长白山下

在我原来的设想中，并没有在东北收购水泥企业的计划，但因一次长白山之行而萌生了新的想法。2008年夏，我去吉林省白山市考察一个木地板加工基地。这次东北之行让我了解到，在东北三省中，辽宁的水泥厂建得更密集，而黑龙江和吉林的水泥市场均不错，适合中国建材的发展战略，我心里就渐渐形成了一个计划。

01

在白山市，我参观了不少地方，也看了市里唯一的水泥厂，隶属于一个名叫金刚水泥的企业。工厂建设得很好，我让厂长转告金刚水泥的老板，说我想和他见面谈一谈。

02

之后我们去长白山天池游览，平静的湖面突然泛起涟漪，好似大鲸鱼头的东西在水面上快速前进。后来才知那竟是难得一见的“天池水怪”。回来的路上，我给单位发信，让速去国家工商行政管理总局核准北方水泥公司的名称。

03

回京后不久，金刚水泥公司老板张传军便亲自来京拜访。我得知一家欧洲水泥企业已给他付了定金。那天，我和张传军只交谈了20分钟，张传军就下定决心拒绝欧洲那家水泥企业，转而与中国建材展开合作。

04

重组前张传军总在为资金发愁，我们和金刚水泥合作注册成立北方水泥后，银行知道中国建材是北方水泥的大股东，纷纷找上门来主动给企业贷款。

05

张传军现身说法地给东北水泥企业做工作，后来又有不少企业加入了北方水泥。我也为北方水泥制定了一个“坐拥黑龙江、平分吉林和渗入辽宁”的区域发展战略。

06

原国家建材局局长、时任建材联合会会长的张人为还跟我开玩笑称同行都不敢见我。我笑着对张会长说：“水泥企业的老总大多是成熟企业家，不是小孩子，不会给块糖就跟我走。他们之所以愿意跟我走，是因为我的话说到了他们心坎里。”

07

汶川大地震后，灾区建设拉动了当地水泥价格，促使许多投资者盲目投资建厂。结果导致当地水泥产量严重过剩，价格也一落千丈。当地水泥企业都希望中国建材赶来救场。

08

由于西北地区已由兄弟央企中国中材大规模进入，中国建材的西部战略就锁定在西南地区。2011年中国建材开始在四川、重庆、贵州和云南进行联合重组。同年，总投资100亿元的西南水泥在成都正式成立。 09

西南水泥的重组，大多数工作都是由曹江林主持推动，仅用两年多时间就形成1.2亿吨的水泥产能，和南方水泥规模相当。同样，重组后的股份30%由地方民营企业持有，经理人也由原企业负责人出任。 10

其中，我对贵州泰安水泥的创办者龚雷海印象极深。他14岁开车跑运输创业，后来在贵州创办了当地最大的水泥企业。西南水泥成立后，龚雷海被任命为副总裁，全面负责贵州西南水泥的工作，立下汗马功劳。 11

西南水泥的重组十分成功，仅2012年就创造了30亿元的税后净利润。随着西南水泥的重组，西南地区的水泥价格开始稳步提高。 12

按照发达国家人均1吨水泥的销量峰值，4000多万吨水泥即可满足地区消耗。国家在2009年和2011年多次强调不允许地方再批准新建水泥厂，但有些地方政府却以各种名义批准大批水泥项目，导致地区产能达到1.2亿吨，水泥又开始过剩。在已经饱和的地区看似是一时产能的提高，背后却又是滞销、降价等市场恶性循环。盲目新建不光破坏了当地经济平衡，也使西南水泥在市场竞争中倍感压力。

13

中国建材之所以敢用贷款进行重组主要有两点原因。

1 **水泥市场已经过剩，重组后不会有人再建新线，参考发达国家在水泥企业重组后市场一直保持稳定，没有人再建新线。**

2 **水泥价格回升，全世界水泥价格平均每吨100美元，而西南水泥重组前，当地水泥价格只有每吨30美元，中国建材看中的正是重组后水泥价格回升的潜力。**

14

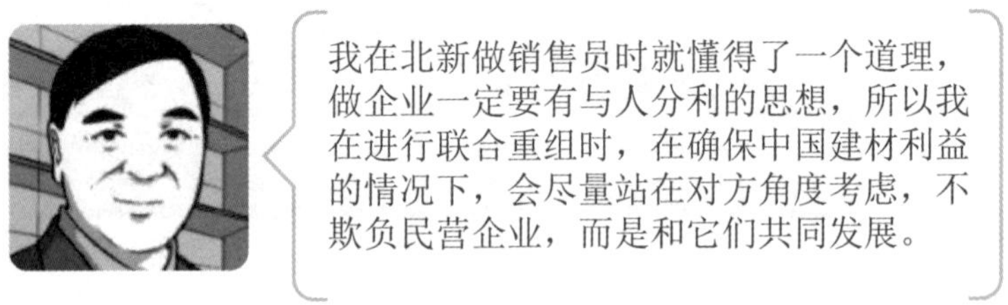

15

08 央企市营

过去的央企都是靠国家托底的铁饭碗，但却导致后来的经营问题。在这次各地重组后的水泥企业的各管理层级都存在着人员选择问题。而此时，我意识到不能再走传统央企干部任命制度的老路。中国建材集团引入职业经理人制度还是源于南方水泥的重组……

01

随着南方水泥的成立又产生了新难题——寻找一个优秀的总经理。我认为只能从市场上寻找，便和曹江林见了几个猎头公司推荐的职业经理人，但都不符合我们的要求。此时此刻，肖家祥进入了我们的视野。

02

肖家祥原是湖北华新水泥的常务副总，后来被河南天瑞水泥请去做CEO。我觉得终于找到合适人选，但如果仍按国有企业原来的干部薪酬体系，很难从竞争对手那里吸引到优秀人才。不过我们详谈后，他却很愉快地接受了邀请。

03

其他干部则按“三盘牛肉”原则从原团队进行转化。保留小股权后，大家更严格要求自己，常在公司加班，甚至还有区域领导的家人为此抱怨。这些职业经理人的敬业程度可想而知。

04

我也常被问：“你请的那些经理人都是暴发户吧？”我回复道：“他们都是身经百战、年富力强的企业家，这些优秀的创业者、管理者是我们联合重组的重要收获。”

05

2010年，中国建材集团需要一名总会计师，国资委则委托中组部干部招聘中心从全球招聘。我们千里挑一，最后选择的是原中石油财务部的干部武吉伟。

06

国资委对招聘的干部待遇采用双轨制，可自行选择现有高管人员或市场化职业经理人两种级别待遇。武吉伟表现出色，我希望他的待遇能更好，建议他选择收入高过董事长和总经理的待遇。但武吉伟说什么也不愿意，我只好作罢。

07

我曾认真思考处于充分竞争领域的央企的发展模式，晚上经常睡不好。后来我感悟到“央企要全力进入市场，只有在历练中才能获得新生”！在整合水泥市场中，我也对市场化运营进行了更系统的思考。

08

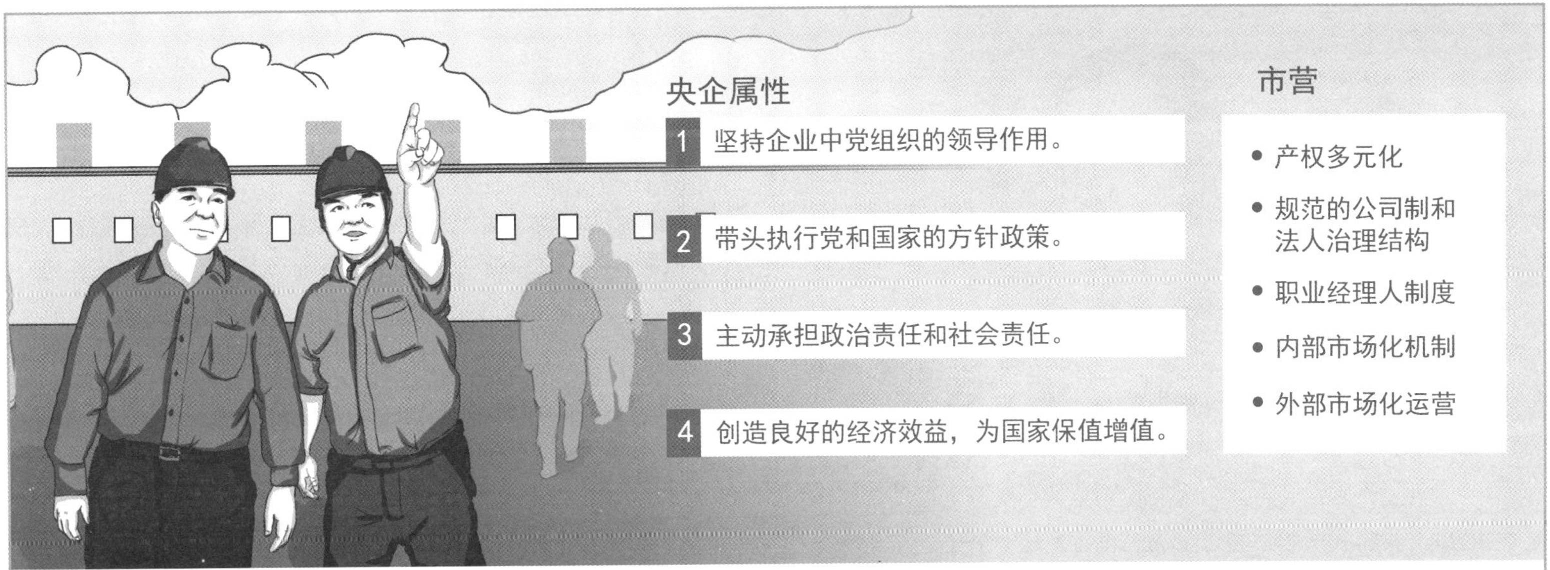

我认为作为国有企业，应该带头执行党和国家的路线方针政策，积极承担央企的经济责任、政治责任和社会责任，实现国有资产的保值增值，发挥职工当家做主的作用等。

09

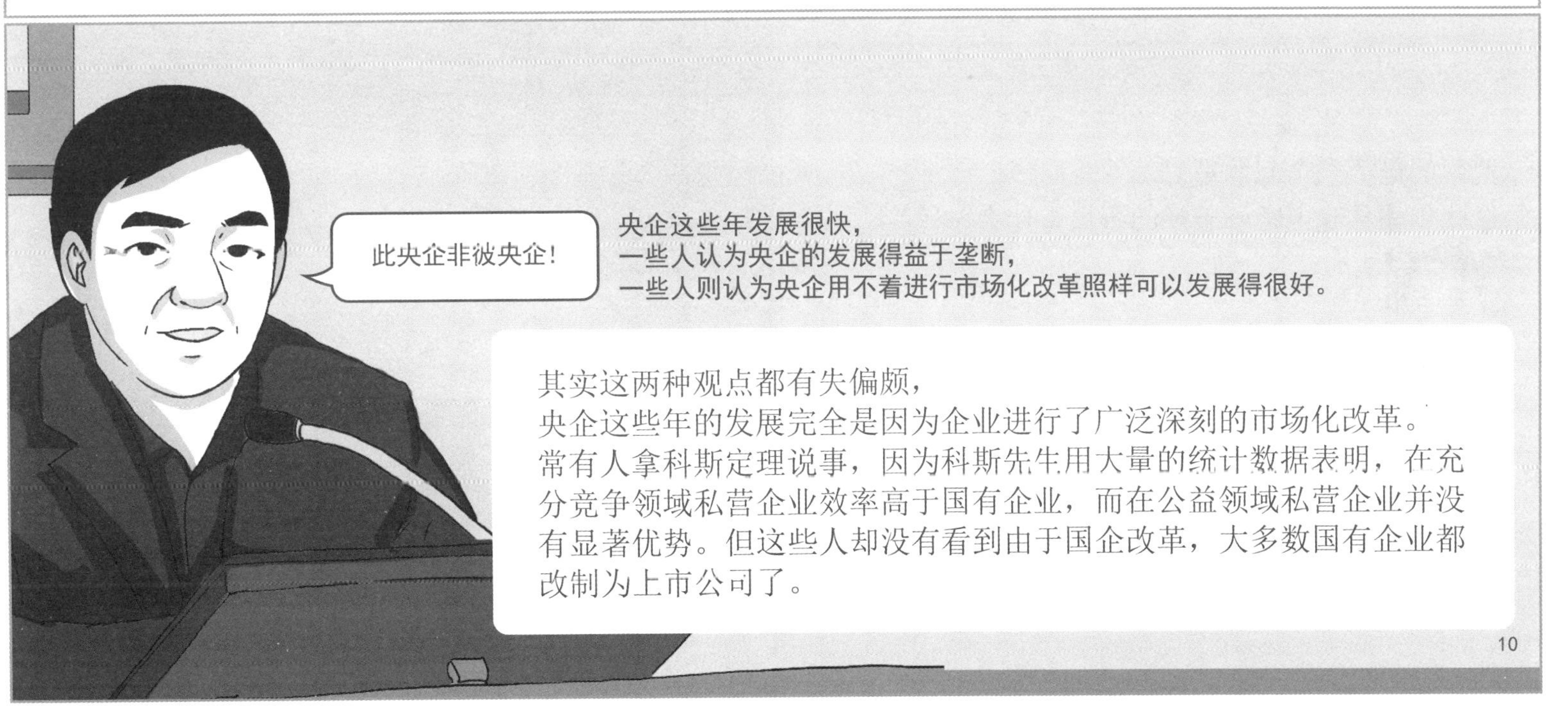

10

随后，我将我所想的写进《央企市营》这本书中，并提出职业经理人制度。我认为现代央企也必须建立职业经理人制度才算实现了完整的委托代理制度。这本书封面书名是由袁宝华同志题写的，序言则由邵宁同志撰写。 11

哈佛商学院资深教授鲍沃先生在听说中国建材水泥业务大规模重组成功后，亲自带队来中国建材集团对我进行访谈。他们主要对两件事情感兴趣：中国建材对水泥业务的大规模重组与中国建材的央企市营模式。 12

他问的最后一个问题是：
这些年让你晚上睡不着觉的事情是什么？

我的答案脱口而出：
怕做错决策！

这么多年来，无论是在北新做厂长还是在中国建材集团做总经理、董事长，我做得最多的工作就是决策。其实做决策并不是件容易的事，不像文学作品里描绘得那样果敢豪迈。我做决策前常思前想后，也经常找出各种推翻自己决策的理由，虽然说每个决策都会和大家商量，但最后的决定却在于自己。我常常因一些艰难的决策难以入眠，这些年我每天平均的睡眠时间只有四五个小时。

13

鲍沃教授带着团队深入南方水泥公司进行实地调研两个多月。最后撰写的中国建材案例十分简单明了，更像一个企业故事，没有模型、曲线和数学公式，与我印象中复杂高深的教学案例截然不同。 14

2011年秋，中国建材进行水泥企业重组的案例被编号印刷成册，正式成为哈佛商学院的课堂教材。学院几次发出邀请，让我去哈佛大学现场讲课，但我作为央企领导者很难因为这件事专程去一趟美国。 15

哈佛案例印出后，邵宁同志高度评价此事，认为这是国际上认同中国企业管理成果的开端。中国建材整合水泥企业的工作还获得由中国企业家协会颁发的“国家级企业管理现代化创新成果一等奖”。 16

09 远征国外

2005年前后，由于油价上涨，中东地区的经济和基础建设发展迅猛，水泥市场十分火爆，进出口公司和合肥水泥院合作在中东拿下的第一个水泥项目是沙特的纳吉兰水泥生产线建设项目。但纳吉兰项目进展并不顺利，一是我们没有预估到当地的施工环境十分恶劣；二是合肥院缺少异地大项目的管理经验。 01

进出口公司和合肥水泥院合作在中东拿下一个日产6000吨全套生产线的工程项目，沙特阿拉伯政府特意安排作为纳吉兰省长的王子出席签约仪式。因此，集团希望我能去沙特阿拉伯参加之后的签约仪式。 02

签约仪式是在利雅得的王子饭店举行的。因为大家都是第一次远征国外做项目，我心里多有担心，仪式后我对合肥院的干部们再三叮嘱，叮嘱最多的就是注意安全。

03

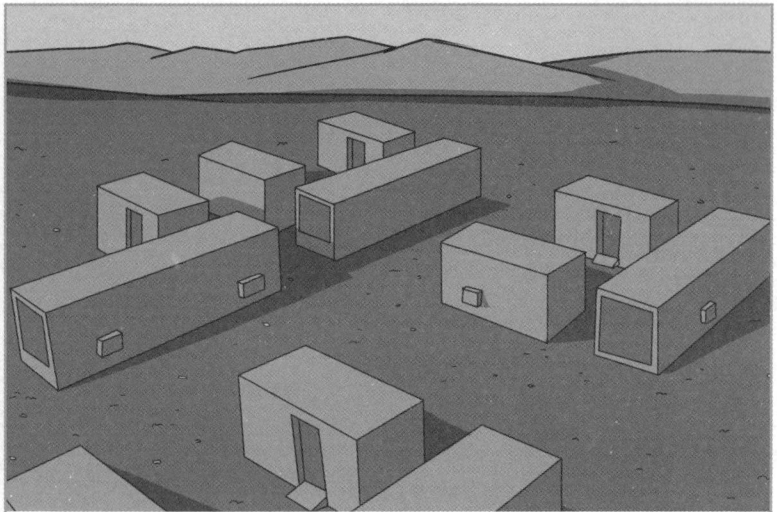

施工现场在距离纳吉兰省会200多公里的荒芜戈壁滩上。合肥院的工程技术人员用集装箱搭建宿营地，靠小柴油机发电作为临时电源，人则居住在集装箱里。

04

戈壁滩风沙很大，中午十分炎热，空气对流还会引发沙尘暴天气。有时气温高达50摄氏度，工人们把湿毛巾盖在头上防暑，并爬到100多米高的铁架上进行作业。更令人痛心的是建设过程中，我方有一名施工人员热晕后跌落塔架而殉职。

05

工厂约两年建成，当我看到戈壁滩上矗立的大型生产线时由衷地高兴，悬着的心终于放下。在中东恶劣条件下，西方企业是不会来投标的，只有中国企业才能吃这样的苦，在“走出去”这条路上挥洒着多少工程技术人员的心血和汗水呀！

06

在工厂门口，我看到许多采购水泥的车辆排队拉货，由于水泥厂生意兴隆，纳吉兰水泥又与合肥院签订了建设日产3000吨的水泥生产线和在省会城市建一座大型粉磨站的合同。

07

纳吉兰项目虽然完成得很好，但工期延迟稍许，甲方提出要依据合同罚我方1600万美元。这个项目本来就成本高利润低，再罚款就必然亏损。于是我决定亲自去纳吉兰和王子面谈此事。

08

谈判时，我的一番话说得对方哑口无言。此前就有公司在中东做项目被罚破产的先例，但这次由于我方据理力争，对方在我离开利雅得临上飞机前，正式通知取消罚款。

09

另一件远征国外的事，是2005年的海德堡水泥项目，那是德国海德堡水泥公司和土耳其当地最大的私营企业萨班吉公司的合作项目，故又称萨班吉项目。通过这个项目我也对中国企业走出国门有了新想法。

10

海德堡经过招投标选择了南京凯盛，招标价格并未按从低原则，而是质量为上，对萨班吉项目要求十分苛刻，采用欧洲标准，燃料要用石油焦。

11

南京凯盛公司是一家中国建材国际工程公司控股的员工持股企业，带头人名叫冯建华，是我国第一条日产5000吨水泥生产线的设计总工程师。

12

在去土耳其的路上，冯建华给我讲了他做项目的思路。虽说这个项目水准高、难度大，但我对冯建华的团队并不担心，因为他们有丰富的项目经验，内部对应机制健全。

13

萨班吉项目进展顺利、质量过关，海德堡公司顺利结账，还多次表扬南京凯盛的施工水准。在竣工讲话时，我还讲了中国建材到土耳其做项目秉持的三个原则。

14

我崇尚一生做好一件事，很多人都以为我有远大的抱负，实际上我是一个随遇而安的人，是干一行爱一行的人。后来我常想，可能每个人都有不同的宿命，我的宿命大概就是解决难题吧！这和我学生时代的最大爱好——解决数学难题是多么相似啊！

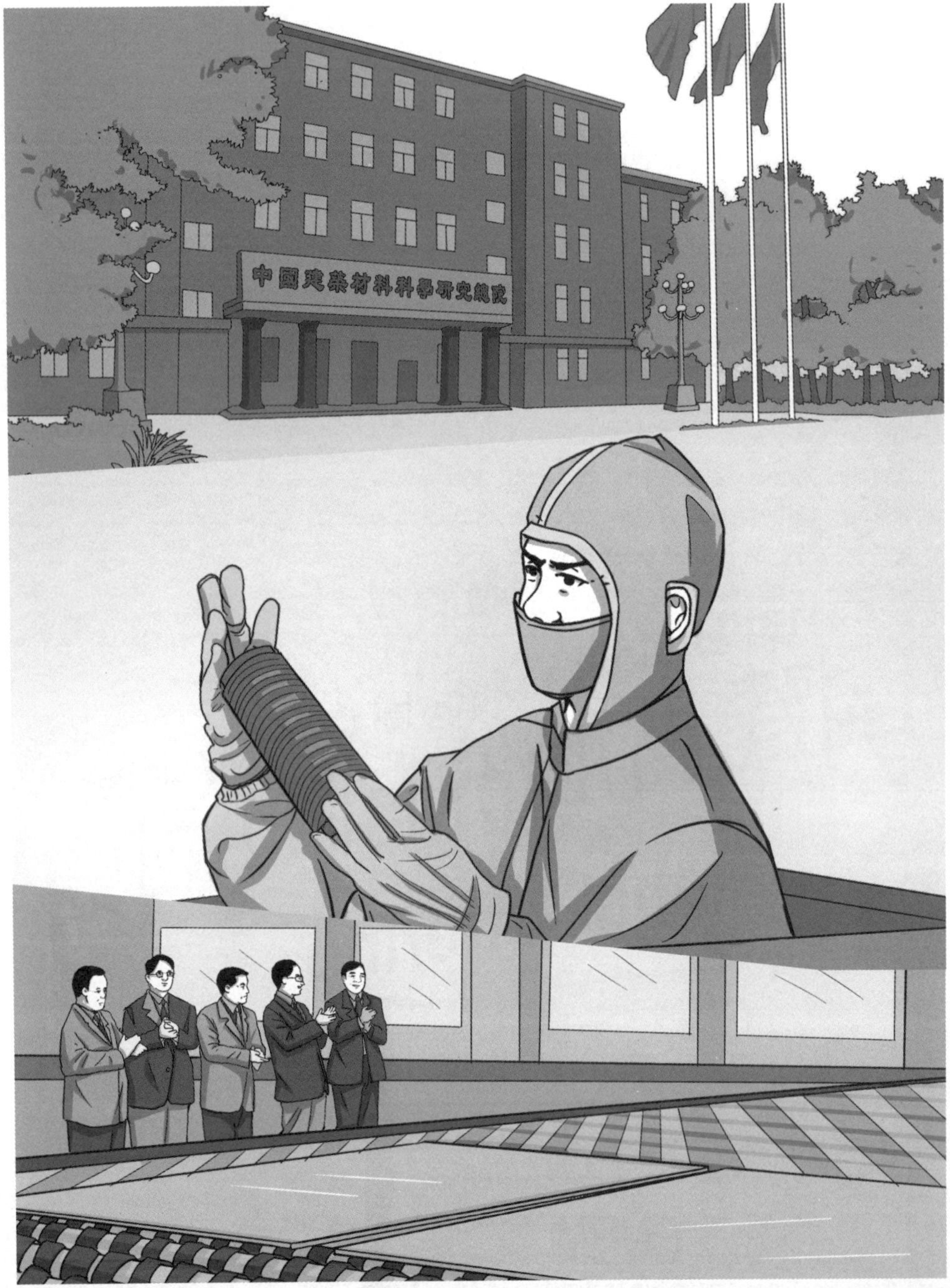

第四章

试点创新

01 院所改制

集团内下属有八个科研性质的研究院，都是国家建材局撤销时脱钩进入集团的。中新集团后将蚌埠玻璃工业设计研究院、中国新型建材工业杭州设计研究院和秦皇岛研究设计院三家院所注销设计资质，整合为中国凯盛国际工程咨询有限公司。由于改革步调迈得太大，没有协调好下属院所利益，导致出现分歧，技术人员流失并持续亏损。

01

一天，原国家建材局副局长黄书谋打来电话，说秦皇岛研究设计院的技术人员要来北京上访，让我迅速解决问题。

02

我随即赶往秦皇岛了解情况。院方提出的要求是恢复院所建制与设计资质。等我返京后便着手恢复院所建制，中国凯盛单独运作。最棘手的是恢复已经注销的设计资质，经多方协调，好不容易才说通建设部破例恢复。

03

而合肥水泥研究设计院困难时期采取“帆板逃生”的方案，以科室为单位组建小公司单独运营。结果小公司都活了，院里却穷得叮当响。集团着手收复时，科室公司自然无法接受。

04

我便亲自去现场舌战群儒，最终循循善诱地说服了大家。院里持有各公司70%的股份，技术和管理团队持股30%，既保留了市场机制，也规范了院里的管理。

05

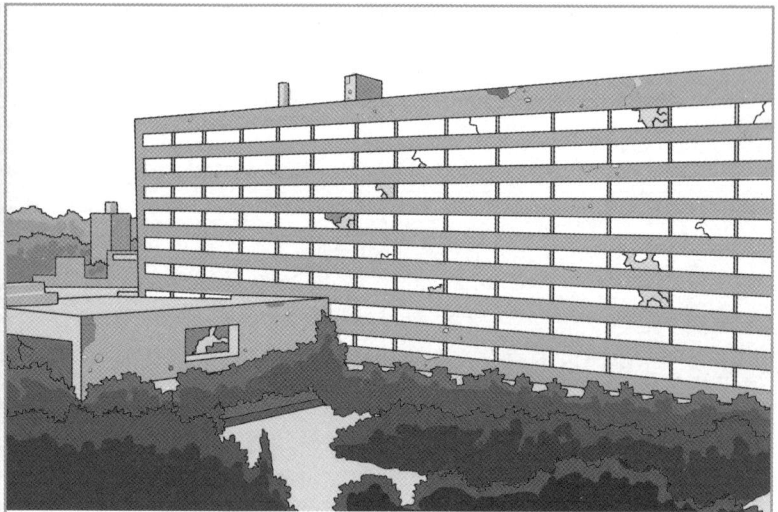

去蚌埠玻璃院时，我感触很深，这个研究院为我国玻璃产业立下汗马功劳，但到2003年时已衰败不堪。楼里电梯坏了没人修，实验室玻璃也残破不全，研究设备也所剩无几，整个院都冷冷清清，很是萧条。

06

我在蚌埠院与干部们进行座谈，提出院所工作转型的思路。那时，院所都有人浮于事的问题，本能地害怕新进员工。但院所的生产力是人，没有新鲜血液如何生存，我要求像合肥院、蚌埠院这样的大研究院所每年要招100名大学生，其他小一些的院所每年也要招30～50名大学生。

07

院所按照“四化”转型后，合肥院短短几年间就成为海外工程创汇大户，中国凯盛的利润从几千万元增加到5亿元，蚌埠院在兼并其他上市公司的同时又开拓许多新材料业务，其他院所的营收也都从几千万元增加到5亿多元。 08

作为一家中央企业，我总认为应该有一个大的研发平台，此时集团内的院所规模都偏小。行业里最大的一家研究院所是中国建筑材料科学研究院，在新中国成立初期朱德同志曾去视察过，我很想把这个院纳入中国建材集团。 09

建材院的院长姚燕是一位泼辣能干的女将，要说服她比较费劲儿。我想起“世上只有藤缠树”那句戏词，便决定主动去找她。

10

我们商谈了十多次，进展缓慢。谈判在香格里拉的香宫杜鹃厅进行，这让我不禁想起“杜鹃啼血”一词，于是就换到对面的甘菊厅，说来也怪，很快就谈成了。

11

那时，央企重组主要靠自愿。回想建材院本是直接归国资委管，日子过得也很好，为什么一定要成为中国建材集团的二级企业？所以我由衷地感激建材院的干部们对重组的支持。

12

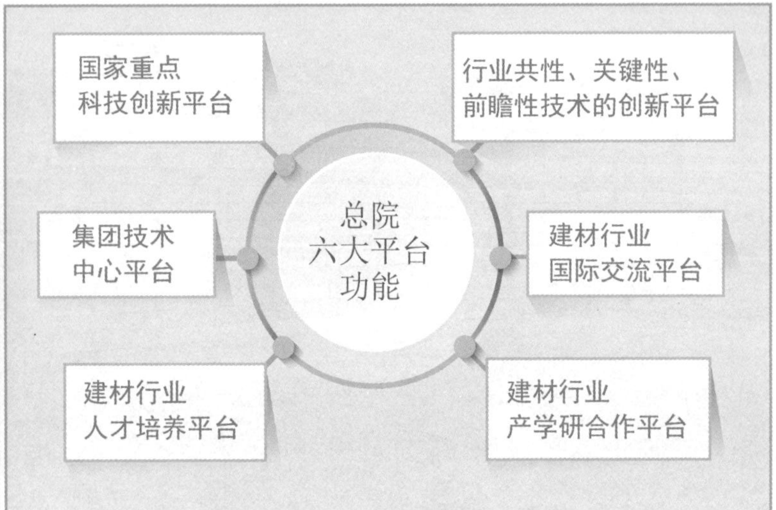

建材院并入集团后更名为中国建筑材料科学研究总院，简称建材总院。集团把下属八家院所也并入总院，总院明确“六大平台”定位，成立管委会，实施一体化管理。

13

国资委对这次重组给予了充分肯定。“中国建材集团和建材总院的重组使中国建材集团成为国际一流企业成为可能。”国务委员陈至立在参观建材总院时也给予评价。

14

建材总院除了完成国家交给的军工等任务外，还为全行业制定产品技术标准，并发布相关国际标准。这些涉及国家和行业的科研工作，我要求总院必须不惜代价走在时代的最前沿。

15

建材总院依托集团的制造平台研发了不少新技术，都被应用到集团的产业平台中。中国建材集团的核心竞争力不只是产业规模，更重要的是我们有了1万多名科技工作者，建材总院是中国建材集团皇冠上的一颗明珠。

16

02 装备创新

建材行业的核心竞争力之一是装备，在我国装备制造业是一个短板，所以我内心一直渴望集团旗下有一家装备制造企业。为了生产水泥立磨装备，我还专门跑到日本广岛的三菱重工学习这项技术。在一番努力尝试后，现在我们无论是水泥、浮法玻璃还是石膏板装备，都已经达到国际一流的水平。

01

有一次，我到合肥水泥院看辊压机的制造，顺便去了合肥轻工机械厂，那个厂的装备和技术水平都不错。合肥轻机的上级公司为中国轻机。

02

回京后，恰好一位监事会主任问我有没有接收经营不善的中国轻机的打算，此话正合我意。我向国资委提出接收申请，最后中国轻机顺利地被划转进中国建材集团。

03

中国轻机有12个工厂，但没料到真正适合做建材制造的工厂没几个。但既然已经接手就得负责到底，于是这12个工厂我都实地考察一番。

04

中国轻机的工厂仍是国有企业体制，工人们都很淳朴，每次国资委技工比赛都能拿到名次。后来，我们把中国轻机公司更名为中国联合装备公司以扩大业务面，并进行资产盘活和结构调整。虽然经营问题得到解决，但公司还是无法制造水泥设备等大型装备。

05

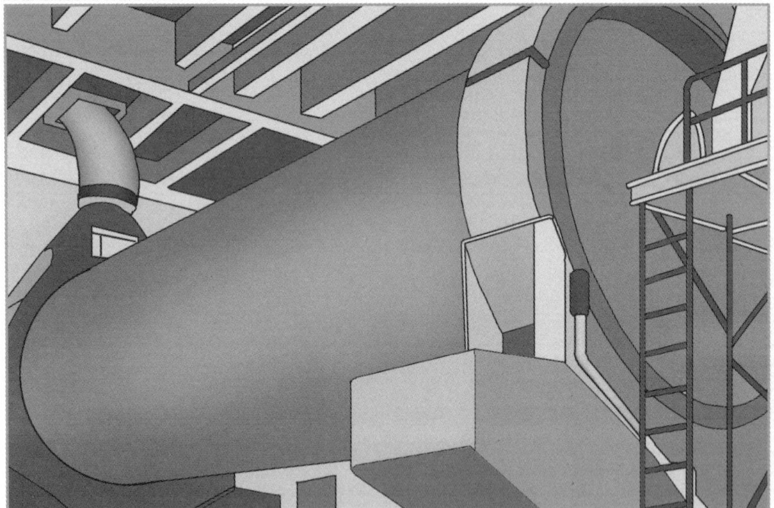

但功夫不负有心人，经过投资改造，我们将上海新建机械厂和淮南矿山机械厂打造成能生产大型水泥装备的机械厂，终于实现了中国建材集团的装备梦！

06

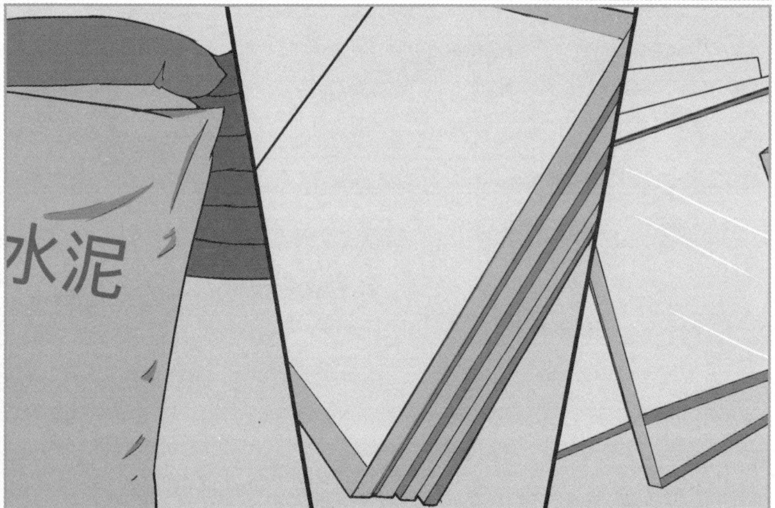

改革开放之初我们引进设备，而今践行“走出去”战略，我们又以出口设备打头阵。这真是三十年河东三十年河西啊！

07

03 产业革新

在玻璃行业，超薄电子玻璃是一种尖端产品，尤其是和液晶电视配套的TFT玻璃基板技术，长期被美国和日本的一些企业垄断。中国的浮法玻璃工艺是中国建材集团的下属企业发明的，中国的三家玻璃研究设计院也都在中国建材集团旗下，我们一直号称行业龙头，却攻克不了TFT玻璃基板的难关，打破不了国际上对高新玻璃行业的垄断，让我有浪得虚名的感觉。

01

中国巨石是一家做玻璃纤维的专业型企业，1998年与中国建材合作组建股份有限公司，1999年在上交所上市。这家上市公司最初叫中国化建，后来更名为中国玻纤，现在叫中国巨石，是全球最大的玻璃纤维供应商。

02

中国巨石的创始人张毓强是一个传奇企业家，他16岁进工厂，从一名挑水工做起，一步步成长为企业带头人。他是那种以厂为家的人，也是做企业的痴迷者，他既做大了企业，也为包括自己在内的股东创造了财富。

03

在金融危机期间，巨石的产品滞销，资金严重短缺。此时要停窑损失巨大，不停则需要投入大量资金，会议中我们谁都不敢妄下定论。最后还是咬牙支持巨石渡过了难关。金融危机过后市场恢复，库存的产品卖出了大价钱。

04

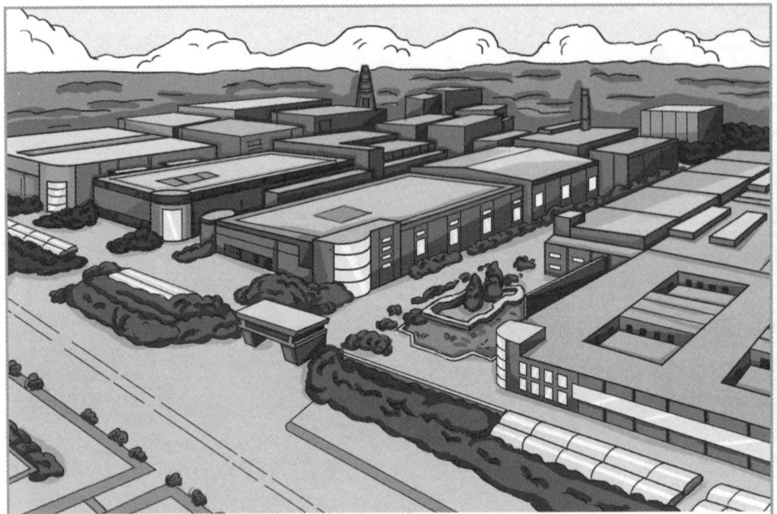

中国建材给予很大支持，让巨石在桐乡、青白江、九江建设基地。巨石也采纳我的建议，建设了10万吨的大型池窑，走了一条大吨位大池窑的发展路线，对后来的经营发展起到关键作用。 05

在巨石的发展过程中，桐乡市政府也给予了大力支持。随着我国金融市场的快速发展，2004年秋，巨石把上市公司总部从北京搬至桐乡市。 06

在各种成本不断增加的大环境下，巨石玻璃纤维的成本居然从每吨5500元降至3500元，还大力推行智能化生产，不少环节都使用机器人作业并不断创新研发新产品。在欧美，其市场份额占30%，并在美国和埃及成功建设了大型生产基地。 07

考虑到中国玻纤的产品商标是巨石牌，而且是著名品牌，企业的名字和品牌一致又是大多数企业的做法，所以我同意管理层提出更名的建议，于2015年正式更名。在我心目中，中国巨石是那种近乎完美的企业。 08

集团旗下另外一家知名玻璃企业是洛阳玻璃股份有限公司，是我国第一条浮法玻璃生产线诞生地。“洛阳浮法玻璃”工艺与英国的皮尔金顿浮法、美国皮兹堡浮法并称世界三大浮法玻璃工艺。 09

洛玻在2006年陷入债务泥潭、面临倒闭时，洛阳市委书记带着他们的主要领导找我，希望把洛玻集团交给中国建材集团运营。当时集团才刚恢复元气，为此我很纠结。但如果不管，拥有国家自主知识产权技术的明星企业很可能会毁于一旦！ 10

下定决心救洛玻后，我冒雨跑到昌平的虎峪山庄找到正在那儿开会的国资委副主任邵宁。他思考了好久，同意我们从战略角度出发收购洛玻。 11

当时洛玻集团在A股市场被ST（特别处理），企业内也有12亿元的逾期债务。中国建材集团成为实际控股人后，每天都为解决债务发愁，很快集团也无能为力。其实，分析后发现，产生诸多毛病的病根有三个。 12

一是政企不分，市里把它当孩子养，也摊派给很多行政责任，让洛玻在市里贫困县建立九条烧煤的低端生产线。

13

二是战略方向问题，本应是立足全国进行市场布局，向高端产品市场进军，但它却窝在洛阳发展低端生产线，想依靠低成本打价格战。

14

三是传统国有企业文化和大锅饭思想，职工普遍认为自己“生是洛玻的人，死是洛玻的鬼”。我去企业召开干部大会时，居然来了400多名号称处级以上的干部，这样一个规模的企业，可能有5000人就足够，但全厂却有1.2万多人。

15

最后，中国建材集团对洛玻进行结构调整，同时开发电子薄玻璃和太阳能光伏玻璃。国家协助解决了资金和人员安置问题，洛玻焕然一新，但也耗时10年之久！的确，如果企业发展中战略出问题，要想改变可不是一时半会儿就能做到的。

16

洛玻稳定后便开始与蚌埠院联合开发薄电子玻璃，但是却达不到TFT标准，其产品只能在一些小液晶模组上使用。让洛玻转产开发TFT玻璃基板的计划，成为我们的一块心病。

17

在生产TFT玻璃基板方面，第一个“吃螃蟹”的企业是咸阳的彩虹集团。它的技术搭档是河北东旭集团。彩虹由于合格率总上不去，最后只好和东旭“分手”。后来东旭的创始人李兆廷通过国资委找到了我们，这也恰是我们梦寐以求的。

18

听完李兆廷的介绍，我请来蚌埠院院长彭寿，一起制订了投资和项目开发计划。先在北京与东旭合作成立一家名叫中光电的科技投资公司，再通过私募股权投资的方式，在地方上吸引资金上马项目，待形成一定规模后再上市。

19

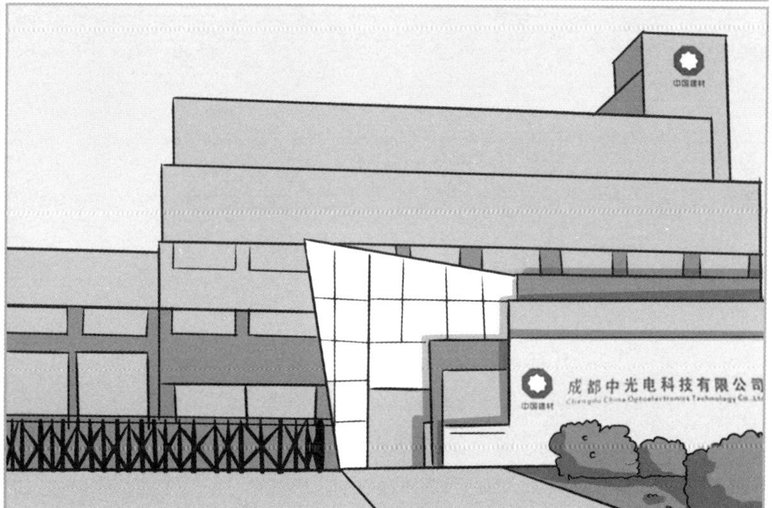

中光电成立后的第一个项目在成都开展，因为成都有京东方等液晶电视模组厂，而且成都市政府很积极。于是我们选择在成都建设首条TFT玻璃基板生产线。

20

这个项目得到了成都市地方政府的大力支持。在听证会上，有领导询问我们对这项技术的把握程度，我说出了一套深思熟虑的预定方案。

21

项目进展顺利，中国建材集团的第一块TFT玻璃基板由此诞生。几年后，美日企业出口到中国的同类产品被迫降价50%。至此，我们终于打破了它们在这个行业的技术垄断！

22

04 董事会制度试点

2005年年初，国资委从上海宝钢开始进行董事会制度试点。董事会制度试点的特点是外部董事占多数，并且把董事会的决策层和经理层的执行层分开。国资委领导认为董事会制度试点无异于神舟飞船上天，也是做好国有企业极为重要的一招。我力主争取中国建材集团能成为第二批董事会制度试点企业……

01

2005年10月，国资委正式批准我们成立董事会。我任董事长，姚燕、曹江林、郝振华任董事，工会主席熊吉文任职工董事，姚燕任总经理。

02

2006年10月，中国建材集团在北京新世纪日航饭店召开董事会成立大会，国资委副主任邵宁、企干二局局长姜志刚出席会议，试点工作从此进入实质性运行阶段。

03

外部董事阵容十分强大，六名成员都是来自社会各界的富有经验的资深专家。

04

董事会有四个专门委员会：战略与投资委员会、提名委员会、审计与风险管理委员会、薪酬与考核委员会。我虽是董事长，但只是召集人，在董事会中也只有一票。

05

“董事会是公司的监督组织”“董事会和经理层之间形成企业内部制衡”这两种说法我都不太认同。董事会是企业内的决策和领导机构，而经理层是执行董事会决策的机构，他们之间是从属关系，至少不存在经理层去制衡董事会的道理。

06

董事会是战略组织，为企业的全局和长远发展负责，也要对公司的绩效负责。因此，我提出中国建材集团的各位外部董事都应积极献计献策，使董事会成为企业中真正的战略性力量。

07

中国建材集团的董事会还有一大特点就是重视调研，在做每个重大决策前期都安排董事们调研，也专门为外部董事们安排一些组织活动，增加他们内部讨论的时间。

08

从集团来讲，要保证董事们获得准确信息，尤其是不得向外部董事隐瞒集团的坏消息。那些年董事会十分活跃，就像一个战斗堡垒，也像一个企业的最高参谋部。

09

外部董事有很高的威望，他们除了是企业的主心骨外也是智者、长者，企业遇到难题时常常向他们请教。他们都积极参与企业的决策，管理层也很尊重董事会的决定。

10

这一届董事会任期正值中国建材集团的大发展时期，许多重大决策都是由这届董事会决定的。正是这些决策引领中国建材集团实现了跨越式发展，从2005年仅有100亿元左右的收入，发展到2010年一跃进入世界500强企业的行列。

11

05 收购德国技术

中国建材集团原来有一家行业管理型公司，名叫中国无机非金属材料科技实业公司，简称中实公司。这家公司在国家建材局时代有一些玻璃和玻璃钢业务，但在进入中国建材集团前把那些业务都剥离了，只剩下一个空壳公司和持有的上市公司上海耀皮的股票。

01

我第一次去中实调研时，公司的二三十名干部都无奈地看着我，谁也不知道下一步干些什么。我在大学是学高分子专业的，很希望他们把玻璃钢业务做起来，打造一个新材料板块。

02

2003年年初，中实公司更名为中国复合材料集团有限公司，张定金等几位同事聊起来都很认同这个公司名。这一年，中复集团通过收购，控股了连云港一家名为连众的玻璃钢管罐公司以及威海一家名为西港的玻璃钢渔政船公司。

03

当时我认为中国的私人游艇到了发展阶段。在控股西港公司后，我希望它由制造渔政船转为游艇。为此我还专门去日本雅马哈公司商谈合资事宜，可惜对方没有意愿，但同意帮我们制造游艇并卖出一套图纸。 04

雅马哈公司专门安排我们乘游艇到东京湾，并让我们尝试自己驾驶游艇。后来，西港公司制造出自己的游艇，但更多是生产出口的金枪鱼钓鱼船。 05

我们收购连云港连众公司是因为看好它们的复合材料高压输油管，连云港市希望中国建材能把连众公司打造成全国复合材料基地。此时恰逢我国的风力发电时代来临，风力发电事业如火如荼地发展起来。 06

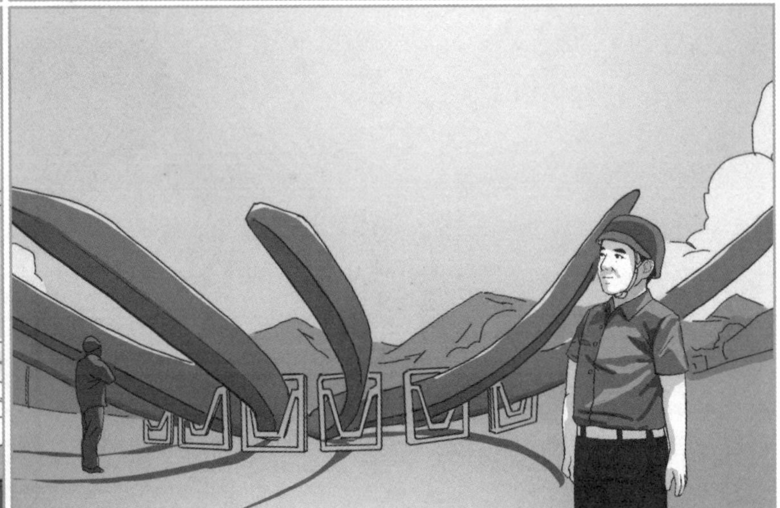

风力发电设备中一个重要的部件是风电叶片，是用玻璃纤维和不饱和树脂的复合材料加工出来的。重组后，连众公司决定全力开拓这项业务。我在车间看到下线的1.5兆瓦叶片时，感叹它们真是庞然大物啊！ 07

重组后，中复连众保留了一点儿高管层股份。中复连众的带头人叫任桂芳，是一位女同志，也是一位全国劳动模范。她几十年如一日地带领连众公司向前发展，大家十分尊重她，都亲切地称她任大姐。 08

有一次，我和她一起从酒泉乘飞机回北京，途中遭遇沙尘暴，飞机发生剧烈颠簸。乘客们都很紧张，有的乘客还尖叫起来，任大姐却闭着眼睛安然坐在座位上。当时我想，做企业就需要像任大姐这样有定力的人。 09

风电叶片是一个技术含量很高的业务，其模具非常关键。NOI公司曾是欧洲第二大风电叶片制造商，但随着欧洲风电业步入低谷，NOI公司面临破产的局面。这对我们来说却是一个千载难逢的机会。 10

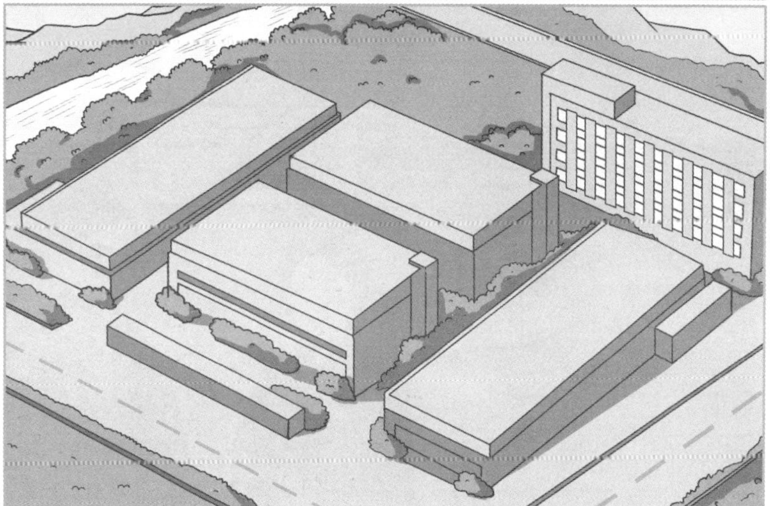

NOI工厂位于德国的北豪森市，NOI申请破产保护后，工厂处于停产状态。整个厂区伴河而建，占地3万多平方米，交通便利，工厂里有研发中心、测试中心，还有几个大的制造车间。 11

风电叶片的设计涉及流体力学和空气动力学问题，NOI的专家们有着丰富的行业经验。关键是这家公司掌握模具技术，过去从这里买一套模具要3000多万元，而收购后，买一套模具只需要500万元，这极大地降低了连云港工厂的生产成本。 12

海外并购中往往收购硬件花钱并不多，关键是安置职工。收购后，我们把NOI更名为SINOI。我们保留原管理团队、技术人员以及部分技术工人。这些人很职业化，收购一完成就人人佩戴上中国建材的司徽。 13

我们通过收购，希望把德国技术、中国的低制造成本进行互补引入中国市场。但此时连云港的工厂规模小，容不下占地面积大的风电叶片。在连云港市的支持下，我们拿到500亩（约0.33平方千米）土地，计划建设全球最大的风电叶片厂。 14

但随着日后飞速发展，这片地又有些不够用了。在这件事上，他们总说我富有战略眼光，其实是因为我经历过北新厂的发展后，体会到土地能多拿就多拿，为以后的发展留出足够的空间。 15

后来，中复连众成为中国最大的风电叶片制造商，在全国布局多个叶片生产基地，制造出全球最大的6.5兆瓦海上风电叶片，研发出10兆瓦超大型叶片。关键是中复连众的叶片从没出过质量事故，这都是因为有德国SINOI公司这个强大的技术后盾。 16

06 闯关碳纤维

中国建材行业担负着开发玻璃纤维和复合材料的使命。碳纤维是高档复合材料的重要原料，由于碳纤维的国防工业用途，高强度碳纤维一直是西方国家对中国的禁运物资，也是对中国严加封锁的技术。中国建材集团把TFT玻璃基板和碳纤维作为自己在新材料领域的登顶项目，2007年，进军碳纤维业务的机会终于来了。

01

那年五一国际劳动节，我恰好在连云港出差，无意中听说当地有位企业家在做碳纤维，这位企业家名叫张国良，和我同是武汉理工大学校友。他曾任连云港纺织机械局局长，该局后来改制成立神鹰公司，主要制造纺织机械。 02

张国良认为目前发展碳纤维的拦路虎是装备。我们已经掌握碳纤维的工艺原理，欠缺的是实现生产的技术装备。

03

见面第二天，我就去张国良的工厂参观。他正巧在院里放鞭炮庆祝首根碳纤维下线。我到车间一看，生产线上碳纤维从一台小碳化炉里生产出来。张国良告诉我这条生产线完全是他们自己设计建造的，刚下线的是年产200吨的T300碳纤维。 04

张国良他们经常吃住在车间，甚至会连续奋战几个昼夜。看到车间墙上贴着“为国争光”的标语时，我很感动，我认为任何成功创新都离不开这种精神，决定全力支持这个项目。我告诉张国良，我们的目标是年产1万吨T700碳纤维。 05

后来，中复集团对其投资，成立中复神鹰碳纤维公司。张国良带着技术队伍在提高产量的同时，硬是把碳纤维品级从T300做到T700、T800。后来，李克强总理视察时还叮嘱：“央企不只有经济责任、政治责任、社会责任，还有国家责任。” 06

2016年3月，在“澜沧江—湄公河国家合作展”上，李克强总理从我手里接过T800碳纤维样品，转身向柬埔寨首相洪森介绍说：“这是中国自主生产的T800碳纤维。”总理还轻松地提起我们用T800碳纤维生产的自行车，那一幕深深地印在我的脑海里。 07

张国良当过两届全国人大代表，两次开会他都在江苏代表团向胡锦涛同志汇报碳纤维研制的进展。中复神鹰做碳纤维直到第九个年头才实现盈利，一路坚持过来实在不易，中国建材也一直默默地支持它的发展和壮大。 08

现在，我们的碳纤维应用于国防工业、大型飞机、轻量化汽车等多个领域，国内市场占有率达到70%，打破了一些国家对我国的技术垄断，填补了我国在这个工业领域的多项空白。 09

07 光伏领域

光伏行业是我一直情有独钟的领域，主要有两个原因：一是我是一个环保主义者，对可再生能源有所研究，并认为太阳能是一个大产业；二是美国和日本认为做工厂化房屋加装太阳能屋顶是标准配置，我也认同要做工厂化房屋就应该配套开发太阳能屋顶。我到中国建材集团工作后，因为玻璃业务而对薄膜太阳能电池产生兴趣。按照一些专家的看法，光伏产业实际上是玻璃产业的延伸。 01

中国建材集团进入薄膜太阳能电池行业有点儿戏剧性，那是在成都签订TFT玻璃生产线合同时，葛红林市长说当地有个叫阿波罗的民营企业在做碲化镉薄膜太阳能电池，我听后眼睛一亮，立即跟着葛红林去了那家企业。 02

阿波罗的创始人名叫侯仁义，因开发当地的碲矿而进入碲化镉电池行业，并带领公司在纳斯达克上市。侯仁义特别希望能与中国建材集团进行合作。

03

经过谈判，蚌埠院和阿波罗联合成立中光电阿波罗公司，并建立一条小的碲化镉薄膜电池生产线。

04

碲化镉太阳能电池做得最好的是美国的第一太阳能公司，是采用工艺成本很低的蒸镀法。中国公司曾多次想找他们合作，但因种种原因没有谈成。其他美国企业也不愿来华投资建厂。

05

中国建材十分希望打破美国企业的技术封锁。为了攻克技术难关，中国建材收购了德国CTF太阳能公司，作为开发碲化镉太阳能电池的技术中心。

06

通过收购可以加快在新技术领域的拓展速度。被收购的技术人员仍在当地工作，也可以节省许多成本。收购CTF公司为我们下一步在海外收购和建立技术中心积累了宝贵的经验。 07

德国CTF公司的技术带头人是哈尔博士，他带领团队做碲化镉太阳能电池研究已经几十年之久，在实验室里做的碲化镉薄膜太阳能电池的光能转化率达到16%。哈尔博士非常希望能在成都把他的技术应用于市场。 08

由于美国第一太阳能公司的成功，我觉得这项投资并没有太大的风险。我的创新思路基本上是一条集成创新的道路，且最好有商业化的成功样板，这样就不会存在颠覆性的风险。 09

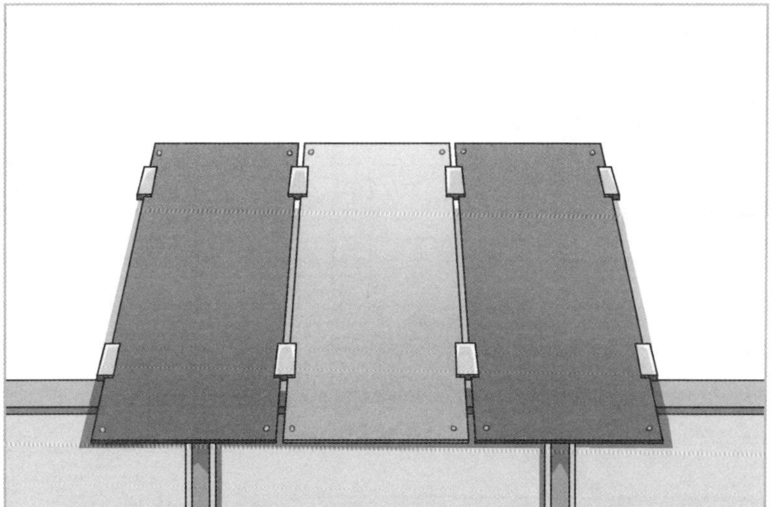

在国家发改委和地方政府的支持下，中光电阿波罗公司在成都建设了第一条年产100兆瓦的碲化镉太阳能电池生产线。虽然我们已进入了碲化镉薄膜太阳能电池领域，但这时另一个机会又来了，那就是铜铟镓硒薄膜太阳能电池。 10

大约在2005年，法国圣戈班公司收购了一家德国开发铜铟镓硒太阳能电池的公司。我与时任圣戈班董事长贝法先生是好朋友，他十分看好中国建材。 11

2012年，因为欧洲市场不景气，圣戈班急于转手铜铟镓硒太阳能电池业务。圣戈班在德国收购的这家企业叫Avancis，最初是西门子创建的，后来被卖给壳牌石油，再后来壳牌石油和圣戈班合资，2010年起由圣戈班独资经营。 12

虽然有不少企业希望购买Avancis公司，但圣戈班不认同他们的实力，怕“辜负”了自己曾经的心血。中国建材提出收购意愿后，圣戈班高层认可我们的能力，因而同意与我们进行谈判。 13

中国建材决定由蚌埠院来做这个项目。我的想法是把德国Avancis公司作为研发和中试基地，为今后在中国大规模建设生产线做准备。我和彭寿等人几次赴法国和德国进行项目考察和谈判。 14

这让我既吃惊又兴奋，吃惊的是这个企业这么先进，兴奋的是我们不光收购了薄膜太阳能电池技术，也收购了工业4.0技术。同去考察的我方专家认为，这次收购会让中国企业在相关领域超前20年。

我们去参观了位于托尔高的工厂，厂区内有个老工厂是壳牌石油和圣戈班合资时期建立的，就相当于一条中试线。而新线则是一条“武装到牙齿”的德国工业4.0智能化生产线，具备年产100兆瓦的生产能力，是一条有商业规模的生产线。整个车间占地2万平方米，是一个完全靠机器人操作的无人工厂。除此之外，Avancis公司还和韩国现代合作，各出资50%建设了一条100兆瓦的新生产线。

15

圣戈班对这个工厂投资不菲，但经过艰苦的谈判，我们以比较低的价格拿下了它。我知道，收购这样的高科技企业，能以这么低的价格拿下固然非常划算，但其中也暗含很大的风险，就是能不能继续经营下去。如果出现意外，就相当于买了一个“大玩具”，中看不中用。接收Avancis公司后，我们派国内高科技人员进入，公司原有的管理人员和技术骨干全部留用。

16

功夫不负有心人，经过不懈努力，慕尼黑实验室终于开发出光能转化率为17.9%的新技术，震撼了全球太阳能行业。托尔高工厂生产线上的产品的光能转化率也由原来的13%提高到16.4%，具备了与晶体硅太阳能电池竞争的实力。 17

08 投资浚鑫

2012年，不仅欧洲的太阳能市场遇冷，国内的太阳能企业也遇到巨大困难，像红极一时的无锡尚德和江西赛维都相继破产重整。江阴市一家生产太阳能模组的企业找到我们，希望用混合所有制方式引入中国建材集团所属企业，以解决其融资困难的问题。这家企业恰巧是中国建材集团旗下中建材集团进出口公司的太阳能模组供应商。 01

大规模进入太阳能领域，需要一支有经验的太阳能技术团队，这家名为浚鑫的企业在欧洲有销售网，而且有做太阳能电站EPC服务商的能力，我们考虑再三，决定与其合作。这个项目仍由彭寿负责，参与单位是中国建材国际工程公司。 02

浚鑫改制后，中国建材国际工程公司持股55%。浚鑫利用原来的商业渠道和中国建材国际工程公司的全球化工程服务能力，迅速发展成为全球最大的光伏电站EPC服务商。使中国建材的太阳能光伏业务上了一个大台阶。 03

浚鑫的总经理是原企业的股东和负责人，名叫孙杰。他是一位充满激情的年轻人。民营企业进入中国建材集团后把市场拼搏精神也带了进来，又借势国有企业，因而拥有了很强的竞争力。 04

太阳能电站项目占地面积较大，既要有很好的光照条件，还要能就地上电网。因此，绝大多数大型太阳能电站都建在中国西部。我考察过浚鑫在新疆喀什地区英吉沙县的两个40兆瓦的太阳能电站，每个电站一年的利润就有3000多万元。 05

太阳能电站需要建在光照强和缺电的地区，东南亚就是发展太阳能的好地方。2013年10月，我随李克强总理访问泰国期间，签订了50兆瓦的太阳能电站项目合同。李克强总理和时任泰国总理英拉出席签字仪式，两国总理还和我们合影。 06

不久，缅甸也和我们签订了200兆瓦的太阳能电站项目合同。我们还在泰国合资建设了300兆瓦的模组厂。不光在东南亚，我们在英国、葡萄牙等地也展开不少项目，这大大提升了中国建材集团在太阳能发电领域的知名度。 07

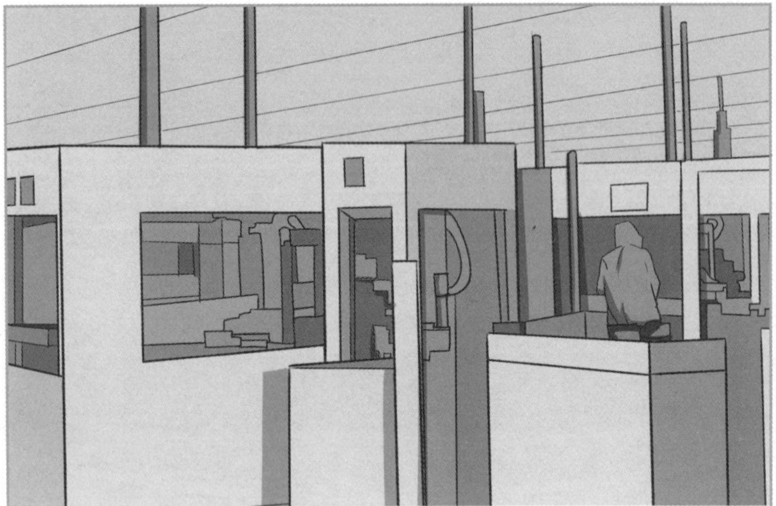

浚鑫这几年发展迅猛，成为中国建材集团的又一个隐形冠军。中国建材集团靠整合市场资源，短短几年就进入新能源行业。这一切，都来自集团强大的整合能力。

08

09 袁宝华企业管理金奖

袁宝华是工业战线的老领导，也是我国管理界的泰斗，大家都尊称他为袁老。改革开放初期，袁老组建了中国企业家协会并出任会长，他主张赋予企业经营自主权，支持厂长依法捍卫企业自主权。袁老讲话总是循循善诱，他是智者型领导。袁老的记忆力超群，几十年前的事都能准确地说出发生的时间和地点，他的数字概念也很强，对很多宏观经济数字都能倒背如流。

01

袁老和谷牧、祁峻等几位老领导曾竭力推进新型建材事业发展，他们的努力促使邓小平同志于1979年8月参观北京紫竹院的新型建材试验房，进而推动了全国新型建材事业的发展。

02

袁老不仅是一位德高望重的老领导，还是一位功力深厚的书法家。参观完工厂后，他在北新工厂会议室的大桌子上即兴挥毫写下“中国新型建筑材料万岁”几个字。

03

袁老在做国家经济贸易委员会主任时，力主在中国企业中推广从发达国家移植来的“管理十八法”，像我们熟悉的看板管理、全面质量管理、零库存管理等都在其中。

04

我年纪轻轻就当上厂长，有幸多次近距离聆听袁老讲话。袁老很喜欢我，亲切地叫我小宋。北新第一个文化读本《北新——我们的家》在人民大会堂举办发布仪式时，袁老出席并做了热情洋溢的讲话，给了我们很大的鼓励。

05

2005年，中国企业管理科学基金会设立“袁宝华企业管理金奖”，表彰在企业管理方面有所建树的企业家。当时我把获得袁宝华企业管理金奖作为自己一生追求的目标。

06

随着事业上的不断努力并获得各种成功后，社会大众也开始了解我的一些改革思路。2008年，我获得了第四届袁宝华企业管理金奖。奖杯是一个精致的小金盘子，上面刻着袁老的名言：以我为主、博采众长、融合提炼、自成一家。

07

袁老在我的请求下，题了两幅字给中国建材集团，一幅是“求新求强”，另一幅是“与时俱进”。我每年春节前后都会去看望袁老，并简短汇报工作。他总是静静地听，不时点头，并提醒我注意宏观经济形势的变化以及企业的安全生产问题。 08

2015年5月，中企协在钓鱼台举办《袁宝华文集》出版座谈会，袁老坐着轮椅出场，场面十分感人。那天我走到袁老面前和他握手，望着这位百岁师长，我的眼睛顿时变得湿润，心里充满无限感激之情。 09

10 首都企业家俱乐部

首都企业家俱乐部是1985年在袁宝华和陈锦华的倡导下，由中国石化和《经济日报》等单位共同发起成立。中央在京的大企业和北京市的一些大企业都是该俱乐部的成员，陈锦华是第一任理事长。首都企业家俱乐部是改革开放的产物，是北京大企业家的一个协作平台。俱乐部偶尔会组织一些商务联谊活动，成员都积极参与。

01

因为民族文化宫的白奎主任是俱乐部副主任，所以开始时俱乐部大多在民族文化宫举办活动。我所在的北京新型建材总厂是会员单位，俱乐部的事都由我去张罗。

02

但随着改革的深入，许多国企由于不适应市场经济体制，步履维艰。那个时期，俱乐部搞活动很难，企业家们即使参加也打不起精神。秦文彩部长经常对大家讲：“现在大家都很困难，来俱乐部诉诉苦也好呀。” 03

后来俱乐部做出了调整，由中石化的退休副总阎三忠任理事长，我任主任，董玉麟任常务副主任。董主任是一个天生的社会活动家，有丰富的政府资源，做事特别上心。那时候，常有许多高级别的政府干部参加俱乐部的活动。 04

我做主任后主张俱乐部工作要与时俱进，多增加一些新会员，增加俱乐部的活力；并打造了文学大讲堂、市长对话会、形势报告会、暑期论坛、新年音乐会等品牌活动，带动了整个俱乐部的工作。 05

新年音乐会是其中的一个知名品牌活动。每年元旦前夕，俱乐部总要举办一次交响音乐会，一般都是请北京交响乐团团长谭利华做总指挥。观众则由赞助企业的员工和俱乐部相关人员及亲属组成。 06

两位老领导的关心和支持激励着我们一心一意地做好俱乐部的工作。俱乐部是企业家的交流平台，不同行业、不同所有制的企业家聚在一起，大家互通信息、增进友谊，也开展了不少实质性合作。

07

随着时间的推移，阎三忠和董玉麟同志都70岁了，不能在俱乐部继续任职。大家推选我任俱乐部的理事长，中石油前副总王作然同志任常务副理事长，我又推荐北新股份董事长王兵做主任。

08

袁宝华和陈锦华两位老领导十分关心俱乐部的工作，在俱乐部成立30周年的纪念大会上还和我们亲切合影留念并指导俱乐部工作。袁老指示俱乐部要成为企业家之家，要把俱乐部当成事业来做，他在90多岁时还经常出席俱乐部的重要会议。陈锦华同志十分关注俱乐部的工作，他指示俱乐部要发展一些互联网企业和民营企业会员。俱乐部成立至今已有30多个年头了，社会大环境和俱乐部成立之时有了很大不同。让俱乐部在新形势下发挥好作用，办好俱乐部，需要我们继续付出努力。

09

在收购德国工厂时，我曾顺便去莱比锡参观。著名文学家、自然科学家歌德曾在这里求学，著名诗剧《浮士德》中的不少内容就取材于此。其中浮士德努力追寻、探索、改变、升华的情节，一直让我牢记于心。那天在莱比锡的歌德广场，我面对歌德高大的铜塑像朗诵了这段诗。

辽阔的世界，宏伟的人生。
长年累月，真诚勤奋。
不断探索，不断创新。
常常周而复始，永不停顿。
忠于守旧，而又乐于迎新。
心情舒畅，目标纯正。
啊！这样又会前进一程。

FORTUNE
GLOBAL
500
FORTUNE
GLOBAL
00
FORTUNE
GLOBAL
500
FORTUNEGLOBAL 500
FORTUNEGLOBAL 500

第 五 章

双料董事长

01 国药赴任

经国资委领导研究决定，让我同时担任中国建材集团和国药集团两个企业的董事长。国药和中国建材集团的发展历程有些相似。起初，国家有个医药工业局，后来改为医药监督局，医药工业局下属北京、天津、上海和广州的几家医药流通公司组成国药集团，后来又陆续合并了中国药材公司、中国医疗器械工业公司、中国科学器材公司等，成为现在的国药集团。

01

2009年的一天下午，我准备去伦敦路演，在赶往机场时，突然接到国资委企干二局领导的电话，让我马上到国资委。我不知道是什么事，就让司机赶快找个路口掉头回去。

02

我进了国资委企干二局领导的办公室后，他说了一件让我意想不到的事。经国资委领导研究决定，让我去国药集团当董事长，并让我同时担任中国建材集团和国药集团两个企业的董事长。这让我有些惊讶。

03

国资委领导知道我还要去机场，就只讲了三点：一是国资委希望把国药集团打造成央企的医药平台；二是国药集团是国资委第一批董事会制度试点单位，要规范运作，要出经验、出成绩；三是身处医药行业，工作中要节制饮酒。

04

当时，我只提了一个要求，就是把上海医药工业研究院划给国药集团。国资委领导很痛快地答应了，但也说具体事项由我去谈。谈话结束后我又赶去机场，赶上了航班。

05

在飞机上，我静下心来认真思考去国药集团任职的事。国药和建材业务跨度很大，对我来讲挑战不小。有利的是我大学本科是学化学专业，有机化学中不少化合物都有药名和药性。

06

到了伦敦，我浏览了国药集团的网站，对这家企业有了大致了解。国药集团和中国建材集团的发展历程有些相似。国药集团是以医药流通为主业的企业，工业部分占比很少。整个集团规模不大，只有300多亿元的收入。

07

路演归来，2009年6月初，国资委领导在国药集团干部大会上，宣布了我出任董事长的决定，他在讲话时称赞我有丰富的重组整合经验。那天，我并没有多讲话，只是表态要向大家学习，深入调研，完成国资委交给我的任务。

08

没想到媒体很快就报道了我任国药董事长的事。其实那次会议没有一家媒体参加，我也没有接受过任何媒体的采访。不知道哪家媒体最先称我为“双料董事长”，后来外界都开始这样称呼，我就这样被定义为央企的“双料董事长”。 09

我到国药集团任职后，依然是先从战略研究开始，我认为国药当时规模偏小，应迅速扩大规模。中国医药分销行业过于分散，企业要想发展成长就必须实行资本运作和联合重组。

10

我在演讲中提出打造国药网的概念。那天，国药集团的监事会主席罗汉同志称赞我的讲话很有水平。实际上，我是想用中国建材集团重组水泥企业的办法进行医药流通系统的整合。

11

要整合就需要钱，钱的来源只能靠资本市场。国药集团从2006年起就有一个组建医药控股公司在香港上市的计划，但一直进展缓慢，于是，推进这项工作成为我在国药集团做的第一件事。 12

2009年9月23日，国药控股公司顺利在香港联交所挂牌上市，募集了60多亿港元，远远超过中国建材在香港IPO募集到的资金额。

13

出席挂牌仪式时，我站在主席台上，不禁联想到中国建材三年前在香港上市的情景。中国经济的发展吸引了国际资本，香港联交所成为中资企业最大的境外融资窗口。

14

国药控股公司的组织结构相对复杂，是由国药集团下属的流通企业和上海复星集团合作成立的，国药集团持股51%，复星持股49%。这家公司再用所有资产注册一家拥有100%股权的国药控股股份有限公司，在香港上市。

15

这就是所谓的“阁楼公司”结构，这个结构可以让国药集团对国药控股有稳定的控制权。上海复星当年投入了5亿元，有一些议论说复星占了国有企业的便宜。但实际上，当时如果没有复星的这笔投入，国控不可能具备上市的条件。

16

挂牌仪式结束后，我在机场给我送行的国控董事长付明仲和总经理魏玉林开了一个会，叮嘱他们上市后要做好提升企业业绩、迅速展开联合重组、规划建设物流中心这三件事。

17

02 建设国药网

国药集团并不是一个制药集团，而是一家以医药流通为主的企业。我到国药集团后认真研究了公司的发展状况以及中国和全球医药企业的成长模式。在此基础上，我提出国药集团“先发展壮大物流分销事业，再以终端拉动上游，最终形成科工贸一体化企业”的思路。这既符合国药集团的现状，也抓住了国内医药行业流通体系整合的机会。

01

国家很希望有一个国家级的医药配送系统，打破医药销售“多、散、乱”的局面。时任国务院总理温家宝同志在《2010年国务院政府工作报告》中提出，要推进基本药物集中采购和统一配送。

02

国家的政策为国药集团建设国药网提供了支持。另外，国控刚刚在香港上市，募集了不少资金，境外投资者希望国控能快速形成覆盖全国的医药配送体系。

03

此时，我们获悉在北京和上海有两家大型制药企业准备进入医药流通领域。如果被抢占先机，国药集团建立国药网将会非常被动，因此我希望国控抢先把江浙沪华东一带和京津冀华北一带的国药网建起来，不给这两家大型药企留市场空间。 04

我亲自参加江苏、河北、山西一些药企的联合重组谈判。因为国药集团采用了“央企市营”的模式，被重组企业既能进央企，又能按照“七三模式 ”获得30%的股权。这种模式受到许多药企的欢迎，重组工作势如破竹。 05

也有一些妨碍国药集团进行联合重组的政策，例如央企的三级为限的层级制度。我觉得适当限制是对的，但三级适合工业企业不适合医药企业。因为以三级为限的话，国药集团下面一级是国控，再往下只能到省一级，无法继续延伸。 06

我在董事会上提出，对于国药配送网这样的企业要突破三级，建立地级市级的配送企业，稍大的县级市也需建立配送企业，复制国控“七三模式”发展下线。很快，遍布全国的国药网快速建成，覆盖了除台湾外的全国各省份。 07

在收购中还有一个头痛的问题——收购价格。中国建材集团按照重置成本收购水泥企业，国际上简称EV值，即现在工厂的建造成本；而流通药企则是按PE值即市盈率收购，这些企业往往没有多少净资产，最宝贵的是销售渠道和客户关系。 08

刚开始收购时价格不算高，往往是10倍左右的市盈率，但后来就碰上一些开价比较高的情况。我和国控总经理魏玉林讨论过一次，他当时很为收购价苦恼，既怕因出价高被人指责为国有资产流失，又怕因出价低项目被竞争者抢走。 09

那天，我给他讲了“下蛋老母鸡”的理论。如果买即将下蛋的老母鸡，可以多支付一两个月的鸡蛋钱，以后的鸡蛋就都归自己所有。因此，对于价格偏高的企业，我建议他们签三年对赌协议，以对方30%的股权作抵押。 10

“下蛋老母鸡”理论打消了干部们的一些顾虑，帮助国控收购了一些关键省会的重要企业。其实国控总的收购价格并不高，平均市盈率只有国控在香港联交所市盈率的一半。现在回过头看，国药集团的联合重组是非常成功的。 11

03 四合一重组

除了国药集团外，央企中的医药企业还有中国生物技术集团、上海医药工业研究院，另外国内还有不少大型集团公司涉及医药领域，有代表性的是华润集团和通用集团，它们也迫切希望把医药产业做大。在国药的战略规划中，我希望用央企重组的方式实现科工贸的结合，选定的重组对象是中生集团和上海医工院。

01

央企重组遵循自愿原则，有点像谈恋爱。先把意愿汇报给国资委领导认同，然后双方自己去谈，谈成再汇报给国资委。核心是要积极主动，以防别的央企“情敌”出现，不过我很有把握能抢占先机，因为我们储备了大量的央企重组经验。

02

其实，国药集团和中生集团一直在谈重组的事，但进展十分缓慢，我一上任便立即去中生集团拜访。国药集团和中生集团重组后可以优势互补，中生集团从资产上被划入国药集团，成为国药的二级企业。

03

重组后领导班子采用合并方式，由佘鲁林出任总经理，原中生集团总经理王丽峰出任党委书记，两人都任副董事长，原来的班子成员都进入新的领导班子。

04

重组完中生集团后，我的下一个目标是重组上海医工院。上海医工院是我国医药界唯一的大院大所，承担着我国50%的化学药品开发研究。院长名叫周斌，常常是其他企业领导白天和他谈重组，我则晚上和他谈。 05

院里有些人认为国药集团就是一家“卖药”的企业，凭什么把一个研究院并入一个卖药的企业。我去院里给大家详细讲解新国药集团的战略和发展前景以及上海医工院在集团中的战略定位，总算做通了大家的工作。 06

接下来是和中国出国人员服务总公司谈重组。中出服是国有大型综合性国际经贸企业。中出服的老总名叫周宇祥，我们见面后一谈就是四个小时，周总讲了一个观点很重要，就是央企一定要根植于一个大行业。 07

2010年，国药集团已完成央企四合一重组的使命，周宇祥和周斌都成为国药集团的副总。四合一重组的效果很好，为国药集团奠定了科工贸结合的基础，实现了资产上的联合、管理上的整合、文化上的融合。 08

04 国药董事会

中国建材集团的董事长类似首席执行官，我什么事情都要操心；而在国药集团我是外部董事长，更像国外那种董事局主席。我同时任两家集团董事长那段时间确实很忙，因为几乎没有周末，所以也记不住每天是星期几，就交替往返于两家企业开会做工作，在奔波途中让大脑暂时“休息”，趁此把两家企业的事情分别厘清。

01

国药集团仍是全民所有制企业，总经理即是法人代表。集团董事会可以说是一个虚拟董事会，并未依照公司法运行。像这样外部董事任董事长的企业，往往总经理和党委书记分设，这就是所谓的“三驾马车”的结构。

02

我在董事会的工作主要是主持决策、把握方向；佘鲁林是法人代表、副董事长、总经理、党委副书记，负责管理层的执行，是一位称职的总经理；王丽峰是副董事长、党委书记，她长我们一岁，我和佘总都称她为大姐。

03

我们三个人常常像聊天般谈工作，没有发生过不快。有时他们两人有不同意见，我就让他们面对面好好地沟通一下，而不在中间传话，因为我知道那样会产生一些不必要的矛盾。

04

国药集团是四家央企联合构成的，领导体制又是“三驾马车”，平衡起来实属不易。我常想如果大家抛开私心把心思都放在工作上，就不会有什么大矛盾。监事会主席杨坚同志对我们三个人的工作很支持。 05

国药集团的董事会构成为“三三制结构”，是由国资委体系的外部董事、从社会上聘请的专家外部董事、企业内部董事各三人组成。除了前文提到的我们三个外，还有六人一起组成九人董事会。 06

董事会下边有几个专门委员会，我主动请刘存周出任战略委员会主任，他是国药集团的上一届董事长，也是哈药集团原董事长，虽然战略委员会主任这个职务一般由董事长担任，但我认为请刘存周出任更好，因为他是行业专家。 07

我一直认为这个董事会不仅专业，而且能力很强。外董中的文克勤原来在中共中央组织部和国家人事部任局长，资历很深，政策水平也很高。 08

陈文浩是上海财经大学教授，也是中组部指定的专家，专长是公司财务管理和公司管理，水平很高，出版过专著。国药集团能快速稳健地发展，与这个高效的董事会密不可分。 09

董事会是企业的领导机构。董事会和管理层之间的关系应该是指导关系，所以我主张建设积极进步型董事会。我在国药鼓励经理层大胆工作、创造绩效。其实，董事会的工作永远是在企业发展和防控风险间进行两难的选择。 10

国药集团的董事会也是一个专家型董事会，对每个议案都会进行深层次的讨论，因而国药董事会议常常是从上午九点开到晚上九点，中午也要边吃盒饭边讨论。那时正值国药集团的跨越式发展时期，国药董事会发挥了重要的把关和定向作用。 11

选好董事会秘书、配好董事会办公室人员也是董事会高效运转的关键。我选择由战略规划部负责人石晟怡做董秘，她的知识面广，沟通协调能力强，做事有条理。为让董事们掌握行情，我要求董事会办公室多安排外出调研活动。 12

有时候药厂的技术人员会感叹我是学什么的，怎么知道得这么多。其实这些都是我平日自学的。有一次国资委管人事的副主任金阳对我说，当时选我来国药集团做董事长，也是因为国资委领导觉得我学习能力强。 13

做两家企业的董事长可以发挥协同效应，我常同时带着两个集团的班子拜访地方政府。有时，我也会把两个班子召集到一起坐一坐，几年下来，两个班子的成员成了朋友，时常信息共享，在工作和生活中互相帮助。 14

05 重组威奇达

国药集团董事会提出“以贸做大、以科做强、以工做优”的发展思路。四合一重组后，国药集团在物流，研发方面的力量得到显著提升，唯独工业这块相对薄弱，急需一个有体量的制造平台。在医药行业里，抗生素占很大的市场份额，集团也有一定基础，所以我们选择往抗生素生产方向发展。

01

国药集团旗下有一家国药工业有限公司，只持有几个制药厂的少量股权，我们决定用它做平台以收购的方式做工业，并同时锁定了几家规模较大的制药企业。

02

首先是华北制药厂，这是一家老牌企业。我找到河北省国资委，希望能用资产划转或增资的方式由国药集团控股华北制药，但没有谈成。其次是哈药集团，但哈药集团已被中信集团控股，最后也没有谈成。 03

选来选去，国药最后选中大同市的威奇达公司。这家公司的主营业务是生产头孢原料药，规模适中。威奇达的企业负责人叫韩雁林，他本来为了融资要在美国上市，但要和国药合作就必须从美国退市，韩雁林以壮士断腕的态度做到了这一点。 04

威奇达重组后，国药工业公司控股65%，韩雁林持股35%，并被任命为国药工业公司副总经理，兼任威奇达的总经理。最宝贵的是韩雁林有一整套做大威奇达的思路，这个思路契合国药集团打造大制药基地的想法。 05

大同市平均海拔1000多米，气候特别适合生产抗生素的原料药。在威奇达的重组过程中，因为刘存周是头孢抗生素方面的专家，威奇达的技术路线便都是在他的指导下确定的。重组也得到了时任大同市市长耿彦波的大力支持。 06

威奇达进入国药后，由于有雄厚的资金和信用支持，迅速进行了两个占地上千亩的新基地的建设。在青霉素生产基地的打造过程中，威奇达还成功控股印度著名药企阿拉宾度公司在大同的一家生产青霉素的企业。

07

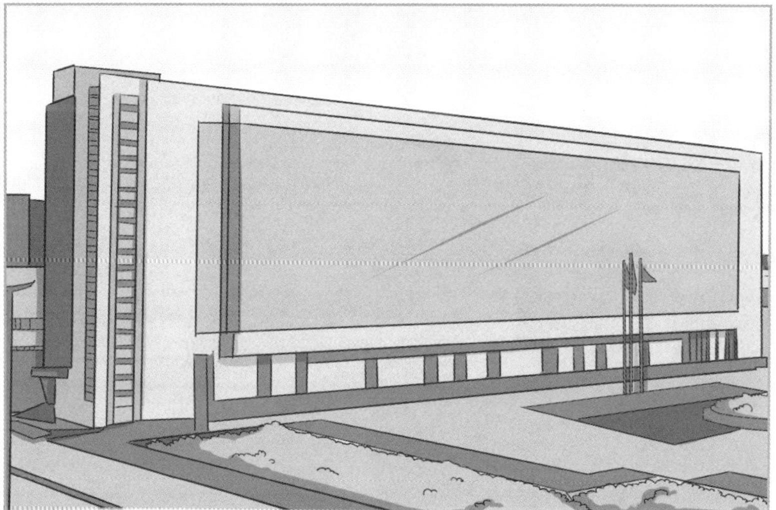

后来又沿产业链开发了克拉维酸钾和阿莫西林等药物，一举成为全国最大的抗生素生产基地。由于威奇达是新建企业，没有老药厂的不良资产和冗员包袱，产品成本也较低。

08

06 借壳上市

去国药集团工作后，国资委领导嘱咐我关注中药市场的发展。他说现在日本和韩国的汉方中成药的发展速度迅猛，不能让他们赶超我们。国药集团下属的中国药材公司，实际上是家药材收购公司，进入市场经济时代后只留下中国药材公司这个空架子。我上大学时读化学系，觉得西药是科学，而中药不是，甚至生了病也不愿意吃中药。

01

直到在北新当厂长，有一年我反复感冒发烧，我的妻子每天用一截儿高丽参加五颗红枣熬水给我喝，没想到从那以后竟好多年不再感冒，我也因此改变了对中药的偏颇认识。

02

为发展中药业务，我和文克勤“下沉”到中国药材公司做董事。在中国药材公司的战略研讨会上，我提出要搞好企业，既要培育药材种植基地，也要发展中药生产基地。发展中药业务也要用联合重组的方式，要“腾笼换鸟”。 03

我很希望公司能建几个重要的药材生产基地。为此，我带领国药管理层拜访韩国著名高丽参企业正官庄，参观种植公社和工厂。后来，中国药材与各地地方政府合作分别在延边、甘肃、四川等地建立了不同药材的生产基地。 04

后来，国药工业公司找到广东的知名药企盈天医药，盈天医药是在香港红筹上市公司，有几百年的历史，在广东家喻户晓。重组这家企业涉及境外收购，交易结构十分复杂。为了收购盈天医药，我们先后召开几次董事会，才最终做出决定。 05

贵州老字号同济堂的负责人王晓春希望进入国药，盈天用定向增发的方式并购了这家百年老店。国药集团把盈天医药更名为中国中药，把中国药材公司更名为中国中药公司，陆续收购完其他企业，才真正实现“腾笼换鸟”和“借壳上市”。 06

07 全国劳动模范

2010年“五一”国际劳动节，我被全国总工会评选为全国劳动模范。当时，社会上也有人认为央企领导不应参评，国资委领导也为此做了很多争取工作。最终，社会终于承认央企董事长也是劳动者。

01

我认为自己当选全国劳动模范可能有三点原因：一是我是从基层一步一步成长起来的，二是我在汶川大地震后的救灾中表现突出，三是我一人同时我担任中国建材和国药两家集团的董事长。

02

全国劳动模范表彰大会是在人民大会堂举行的。当戴上全国劳动模范的奖章时，我想到了自己这么多年来的辛苦工作和付出，从北新厂长到担任两家企业的董事长。回忆起家人的支持，这份荣誉让我倍加珍惜。

03

2010年的新年，《华夏时报》上我被刻画为最忙碌的董事长，漫画画得很形象，突出了我的两个大眼袋。我让办公室的同事从网上下载后打印出来，并用相框装起来，放在我办公室的书架上。

04

有一次，中国台湾的企业家郭台铭来中国建材集团参观。当他得知我同时兼任两家集团董事长时，很是吃惊。我说自己是一个很认真的人，要么不干，要么一门心思地把事情干好。 05

我常想起我大学时期的偶像居里夫人的名言，我也是那种信奉一生做好一件事的人。从23岁进入国有企业工作，至今已经38年了，我把做企业当作终身事业。我认为企业家精神最重要的是创新、坚守和家国情怀，其中最难做到的是坚守。 06

我的工作时间为“五加二”“白加黑”，即平日五天加周末两天，并且无论白天、黑夜都要工作。2012年，中央电视台财经频道为了表彰我为水泥重组和为两家集团做出的贡献，还授予我“中国经济年度人物”称号。 07

有人说我是央企“铺路石”。我觉得这个定位很适合我，我一生都在做建筑材料，铺路石是最简单的建筑材料，它坚硬耐压、平凡无奇，默默地承载着一切。经济日报社的原社长武春河还专门为我题写了“铺路石”三个字。 08

08 中企研会长

2011年年末，国资委主管协会工作的领导希望我出任中国企业改革与发展研究会的会长。这让我有点儿为难，因为我当时兼任中国建材和国药两家集团的董事长，怕忙不过来误事。但是，上级领导经过反复研究，还是决定由我出任会长。

01

中企研是改革的产物，成立于1991年，第一任会长是当时的社科院工业经济研究所所长、著名经济学家蒋一苇同志，第二任会长是国家体改委前副主任、德高望重的改革战线老领导高尚全同志。

02

我在换届大会上讲，“中企研要高举改革的旗帜”。中企研聘请邵宁同志做总顾问，高尚全同志任荣誉会长。一年后，党的十八届三中全会顺利闭幕，又把改革工作推向新的高潮，使广大干部员工对国企再改革充满希望。

03

国资委把中国建材集团作为发展混合所有制和落实董事会职权的双试点单位。那段时间上级单位多次来中国建材集团调研，正好中企研也在中国建材集团大楼里办公，于是，我们的办公楼变成国企改革的“实验室”。

04

中企研是一个研究性质的机构，是企业改革的研究平台。除了企业单位会员外，还有大量个人会员。中企研每年都会出资，用于热点课题研究并编写研究报告。这些报告是为了呈送制定政策的部门和国企领导作为参考使用的。 05

我也常去讲自己的改革心路。其实，国企改革是一个实践过程，企业的首创精神很重要。有些改革需要一些企业先行先试，有些改革需要一企一策，有些改革的观点也会越辩越明。 06

近年来，一些媒体对央企的负面新闻过度炒作，误导了读者。中企研有《国企》杂志、《企业观察报》以及企业观察网，这“一刊一报一网”办得都不错，及时纠正了社会上错误的言论，从积极正面的角度宣传央企。 07

一些论坛上个别专家过度批评国企。我认为国企和民企都是社会主义市场经济不可或缺的重要组成部分，在市场上是互为补充的经济组织，谁也离不开谁。我在北京大学的演讲中讲解了国企的作用、国企的成绩和国企改革的进展。 08

09 法国国企

2012年夏，我参加了国资委在法国巴黎高等商学院举办的培训班。法国在20世纪80年代密特朗总统执政时期搞过国有化运动，不少企业都被收归国有。培训班安排到法国燃气公司、施耐德公司、索迪斯集团等世界500强企业参观，我还特意去拜会了法国国资局局长。我希望通过这次学习深入了解法国国有企业的运营情况。

01

这次培训法方做了很好的安排，有教授专门授课，有法国大企业的领导者分享经验。通过这次培训，我认为认真研究法国国有企业的演变和现状对中国国企来说不无意义。

02

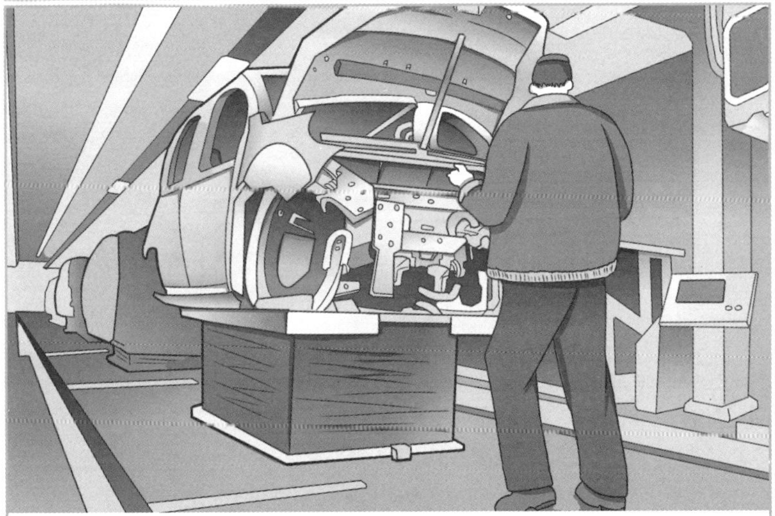

法国“右翼”执政后搞起私有化运动，到现在还有50多家国企，其中差不多一半是国家绝对控股的企业，其余的是国家相对控股或参股企业。比如著名的雷诺汽车公司，其国有股只占25%。

03

在法国，国有企业的地位很高。大家觉得国有企业信用好，产品和服务质量可靠，员工待遇好，工作也相对稳定。法国人对国有企业的看法是很积极和正面的，这和我们国内的一些人对国企的认识有很大的不同。

04

我通过圣戈班的董事长贝法先生约见了法国国资局局长。法国国资局隶属经济部，负责管理国有企业和股份制公司中的国有股权。法国国资局局长独自一人来饭店见我和贝法先生，没有下属陪同。他比较系统地介绍了法国国有企业的情况。 05

法国国有资本除了做好公益事业为主的国有企业外，也希望投资一些好项目为国家创收。我认为，这和中国国资委让国有资产保值增值的使命是一致的。

06

法国的国企是一企一策，每个企业的政策都要经过议会批准。如法国燃气公司和私营企业苏黎世集团合并后，使得国有股份从100%降至36%。这些变动都须经议会批准才能执行，因为每次法国国有企业私有化都有民众游行表示反对。 07

法国是个个调税较高的国家，不少企业因此迁出。政府却不为所动，仍致力于维护相对公平的公民社会,所以才保障了法国各种高福利制度。这些都是我此次调研的收获。

08

10 两个世界500强企业

中国建材集团进入世界500强企业的行列是在2011年，听到这个消息的时候，我正在去西安建筑科技大学的路上。因为之前没预料到这件事，所以我常说我们是“一不小心”就进了世界500强企业的行列。当时，中国建材集团的销售收入只有1100亿元，在世界500强企业中排名第485位。

01

一日，我在车上，听说两家企业都“杀入”当年的世界500强行列，很是激动。世界500强榜单是由美国《财富》杂志每年七月推出，对上一年全球销售收入最高的500家企业进行排行。

02

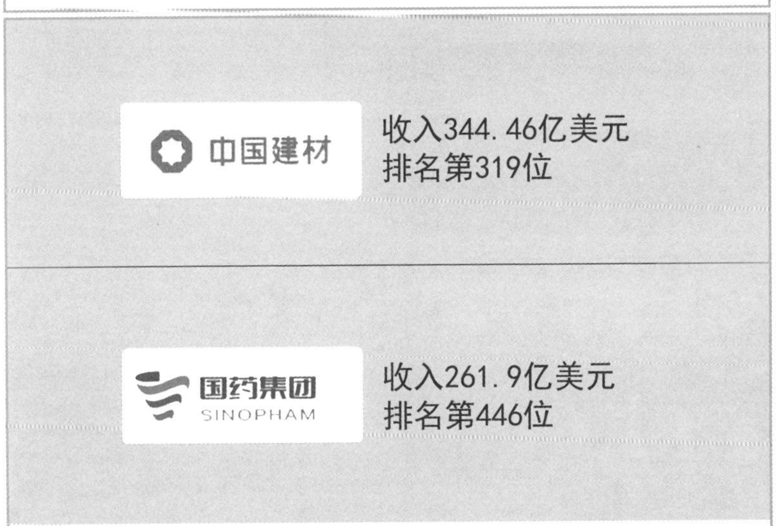

2013年是根据2012年的数据进行排行。中国建材集团的收入排名第319位，国药集团的收入排名第446位。我原本预计国药集团可以在2015年进入世界500强企业行列，结果又“一不小心”提前进入了。

03

我是从2002年开始用了八年时间把中国建材集团带入世界500强的，国药集团则用了四年时间，两家企业在我刚接手时规模都不大。

04

由于我同时担任中国建材集团和国药集团的董事长，又把两家企业从小做到大，这件事引起了社会和媒体的关注。大家在“双料董事长”的基础上又给了我一个新称呼——中国的稻盛和夫。 05

《财富》（中文版）每年都会评选最具影响力的企业领袖，刚开始是25名，后来增加至50名，还会评选出一位“中国商人”作为封面人物。我连续多次入围《财富》杂志年度最具影响力的企业领袖，并被杂志评为“2013年度中国商人”。 06

那年，《财富》杂志评选出的美国年度商人是特斯拉的创始人埃隆·马斯克。杂志上评论称，马斯克在美国汽车领域里进行颠覆式创新；宋志平在中国的水泥行业整合中进行了创新，而且用一种手法先后整合出两家世界500强企业。 07

过去，能出国到一家世界500强企业参观就觉得很荣幸，地方政府也为能引入一家世界500强企业而感到骄傲。现在，在大家的努力下，建材和国药双双进入世界500强企业行列，这确实让我很开心。 08

2013年，《财富》杂志在北京的银泰柏悦举行发牌仪式，我和中国建材集团的总经理姚燕、国药集团的总经理佘鲁林、美国《财富》杂志总编辑苏安迪先生四人一起合影留念，那张照片成为中国企业在做大做强征程中的一个历史见证。 09

入选世界500强提升了两家企业在商界的影响力。我在法国出差时，赛诺菲巴斯德的首席执行官特地从美国赶过去拜会我。参观完他们的疫苗中心后，我还建议赛诺菲巴斯德疫苗公司和中国生物技术集团合作在中国生产小儿脊髓灰质炎疫苗。 10

此时，还有个别媒体批评中国企业大而不强，甚至列举出其中一些亏损企业。其实，企业会因为自身的结构调整和经济周期而发生阶段性亏损，这属于正常情况。并且世界500强企业是依据销售收入评选出来的，里面也有不少亏损的国外企业。 11

我也发表了看法，有人说企业做大容易做强难，我认为做大企业不容易，做强企业更不容易。近几年，中央把央企的发展目标调整为做强、做优、做大，我认为这个目标是一个整体，不可分割。 12

11 新办公楼

2002年，我到集团工作后就在位于北京紫竹院南路北口的一栋五层小楼里办公，在这里我们把中国建材集团打造成世界500强企业。这栋小楼建于20世纪80年代中期，从建成之日起就是中国建材集团的办公楼，一直用了将近30年。集团所属建材股份公司，从2005年成立后一直租用建材协会的办公楼，用我的话说是一个“大篷车”式的公司。

01

我们的办公楼可能是央企里面积最小的办公楼了。随着集团的发展，办公室不够用了，每次规模稍大点的会议都要借用一路之隔的中国企协的会议室。

02

2008年的一天，我去国资委开会，一位领导对我讲，企业必须有个能保证办公效率的办公楼，并且企业购置不动产也是笔财富。我回去就和班子成员商量，决定先让股份公司买栋办公楼，集团公司再利用原有办公楼的土地盖栋新办公楼。

03

因为集团的员工大多在北京西边住，相关业务部门也都在西边，种种原因一直没有寻觅到合适的地点。一次，我乘车时，恰好看到新兴桥东北角有一栋楼上打着整体出售的广告，经过一番磋商，股份公司最终决定买下这栋楼。

04

买下这栋办公楼后又着手装修，装修往往是一把手工程，我也是本着先进而简约的思路安排设计，并要求多用集团旗下的建材进行装修。每个办公室都很方正，布局合理，管理层的办公条件大大改善了。 05

新楼楼层高，视野开阔，附近停车位也多，交通上也十分便利，靠着西三环又紧临西长安街，还在地铁一号线、十号线沿线。集团、股份公司的在京单位在一起办公，沟通交流更加顺畅。不少部委和行业的中小型会议也常在这里召开。 06

2013年秋,我们正式搬到新大楼,无论是集团还是股份公司上上下下都很高兴。这么多年大家都很羡慕其他央企的办公大楼,现在我们也终于有自己的办公大楼了。不过，搬家那天我却给员工上了一课，告诫大家不忘初心，切忌患上“大企业病”。 07

我们以搬新楼为契机，广泛开展学习教育，大力推进机构精简、人员精干、效率优先，深入开展反“四风”、群众路线教育实践活动等，集团面貌焕然一新。

08

尤其在企业管控上，按照我提出的“格子化”管控模式，把各个企业固定在相应的“格子”里，解决了行权乱和投资乱两大难题。

09

在企业文化方面，我鼓励大家做有学习能力、有市场意识、有敬业精神、有专业水准、有思想境界的“五有干部”，进一步弘扬“创新、绩效、和谐、责任”的核心价值观和“敬畏、感恩、谦恭、得体”的行为准则。

10

我还要求干部们做到“四个精心”，即精心做人、精心做事、精心用权、精心交友。无论是在北新建材还是在中国建材，我都把建立和弘扬企业文化作为企业的基石，对企业文化的塑造可能是我对企业做出的最大贡献。

11

夜晚的北京霓虹闪烁，在西长安街或西三环上都能看到我们办公大楼顶上的“中国建材”四个红色大字和八角星司徽，远远望去甚是美观。一些员工在晚上加班后喜欢拍摄大楼的夜景照片发在微信朋友圈里，流露出自豪与骄傲之情。

12

12 告别国药

2014年，在我的再三请求下，国资委同意我辞去国药集团董事长职务。主要基于两点原因：一是国资委当初交给我的任务基本完成，这几年我先后带领国药集团实现了四合一重组、国控上市、国药网建设的战略目标，成功地把国药集团带入世界500强企业的行列，应该算是“功成名就”；二是央企董事长是稀缺职位，五年来，我一人兼两个，应该尽早把位置腾出来，让更合适的同志担任。

01

中国经济开始进入新常态，下行压力大，建材行业首当其冲受到严重影响，我也想集中精力对中国建材集团的业务进行调整以渡过难关。

02

2014年4月14日，国资委在国药集团召开干部大会，宣布了我的离职决定。国资委副主任金阳到会，并代表国资委讲话，表示非常满意我的工作结果，说：“志平在中国建材集团还有更重的工作担子。”当时大家不太理解这句话的含义。

03

会上，我很激动，发言感谢国资委领导对我的理解，感谢五年时间里国药集团上上下下对我的支持。我还引用毛主席的诗句，表达我带领大家实现跨越式发展的感受。

04

那段时间，媒体积极正面地广泛报道这件事。有的媒体把我定位成国企改革者，有的把我定位成行业整合者。我认为应该逐渐形成国企领导者能上能下的正常机制，从而让社会大众不再对国企领导的去留过于敏感。 05

邵宁同志叮嘱我，在离职前要为国药下一步的发展战略做出安排。其实我对国药的未来并不担心，因为经过五年时间的发展壮大，国药集团已经打下了很坚实的产业基础，有了一个清晰的发展战略，也有了一套优秀的企业文化。 06

我给国药的管理层讲了三个未来的关键发展策略。陈锦华同志说过，优秀的企业家身后的企业能健康成长，如果他在位时企业很兴旺，离开后企业就衰败了，那他就不是一个好的企业家。 07

那天参加完国药集团的干部大会，我回到中国建材集团，中国建材集团的全体干部都下楼来迎接我，这让我十分感动。 08

这五年里，我奔波于建材和国药两个集团之间，

耗费了所有的精力，几乎没有休过一个周末。

由于国药处于快速发展期，我把心思更多地花在了国药集团。

虽说两家企业都发展得很好，没有顾此失彼，

但毕竟我有一大半时间不在建材，

建材的干部们心里也是有些失落的。

下一个阶段，

我要全心全意带领中国建材集团顶住经济下行压力，

迎接新的挑战。

第 六 章

新的舞台

01 孔子故里

辞去国药集团董事长职务后，我觉得身上的担子轻了许多。2014年五一国际劳动节，我给自己放了个假，去孔子故里山东曲阜参观学习。在曲阜，中国建材集团有一家水泥厂，但这次去我没有告诉企业，也没有告诉市政府，只联系了当地的孔子研究院，我想把这几天时间都用来静心学习。

01

从北京到曲阜，乘高铁只需要两个小时。回想起最早对日本新干线的羡慕，再到如今坐在时速300公里的高铁上，我心里的自豪感油然而生。改革开放30多年来，中国经济和国有企业的发展犹如高铁的速度！

02

在日本和中国台湾地区，一些大企业家总喜欢到寺庙等僻静的场所独处几天，静思人生，这可能是东方人的一种心理调适方法吧。对于那些日理万机的企业家来讲，经营企业的压力需要缓解，人生也有很多的问题需要深思。

03

曲阜的中国孔子研究院是我国唯一一所研究孔子理论的专业机构，院长杨朝明是一位儒学大家，我俩第一次见面就聊了很久，我认真倾听他介绍研究孔子理论的心得。

04

我在孔子研究院一共待了三天，每天上午听杨院长讲课，下午去孔庙、孔府等地方参观。30多年前我曾到曲阜参观，但只是走马观花地看看，而这一次，我是带着对人生的思考来到曲阜的。 05

孔子是中国儒家学派的创始人，孔子的学说是治世修身的学说。他希望人们加强修养、放大善性，他主张以修己安人的方式讲信修睦，最终达到社会的至善。孔子的理论成为延续五千多年的中国文化的核心，维系着中华民族和中华文明。 06

杨院长给了我很多鼓励，他认为我把儒家的一些理论贯穿到企业管理思想中的做法很了不起。孔子研究院还聘请我担任“特聘研究员”，邀请我在孔子研究院的报告厅做演讲。

07

我演讲的题目是“半部《论语》做企业”，演讲内容为《论语》知识如何应用在企业发展上的启迪。那天，我讲完后反响强烈，甚至后来讲稿全文还刊发在《国企》杂志上。

08

02 混改试点

2013年11月，党的十八届三中全会通过了《中共中央关于全面深化改革若干重大问题的决定》，强调在国企改革中要大力发展混合所有制，并把混合所有制经济作为我国基本经济制度的重要实现形式。多年来，我在中国建材集团和国药集团推行与民营企业的联合重组，过程中遭遇不少非议和误解，直到这一刻，我那颗悬着的心才算真正放下来。

01

2012年11月，我被选为党的十八大代表，这是我在1997年秋天参加党的十五大后，第二次当选党代表。党的十八大提出到2020年实现国内生产总值和城乡居民人均收入“两个翻番”的目标。

02

2014年1月，中央电视台财经频道播出了一期《对话》节目，取名为“尝鲜混合所有制”。对话中我介绍了进行混合所有制改革的初衷、方式和效果。那场对话对普及混合所有制改革的理念和推动混合所有制改革起到了一定作用。

03

那段时间关于国企的存在性和如何改革等问题的争论不少，于是中央电视台邀请我、宁高宁、魏家福、李小琳四位企业家与张维迎一人进行辩论。这对于张维迎好像不太公平，但他的表现颇有舌战群儒的风范。

04

有一次在凤凰网论坛上，我和国务院发展研究中心企业所的张文魁对话，张文魁的主要观点是现在的改革是“国进民退”，我则向他解释混合所有制的内涵和做法。实际上，我很尊重张维迎和张文魁的观点，不同观点只有碰撞后，才会越辩越明。 05

2014年7月15日，国资委召开新闻发布会，宣布央企开展四项试点工作。其中社会关注度最高的是混合所有制试点，国资委挑选的两家试点单位是中国建材集团和国药集团。

06

无论是建材还是国药，两家企业都处于充分竞争领域，也都以混合所有制的方式快速发展起来。我很乐意为央企做些宣传，因为长期以来国企领导者很少出头露面，怕枪打出头鸟。可是如果谁也不宣传，社会大众又怎么了解国企的工作呢？ 07

其实到2014年，我已经进行了十多年的混合所有制实践，虽然其他央企也与民营企业合作过，但像中国建材集团和国药集团两家这样成规模、有章法地进行混合所有制改革还是前所未有的。

08

2014年，企业管理出版社把我的一些文章和采访结集出版，书名为《国民共进》。北京大学教授厉以宁为该书作序。

09

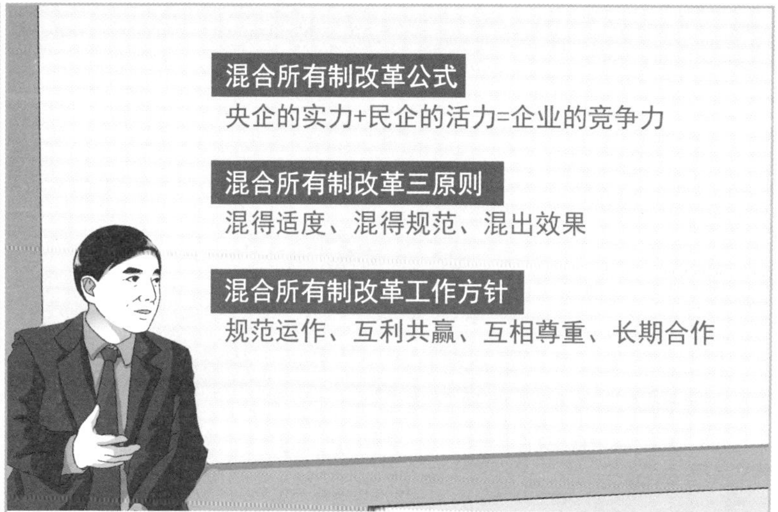

2002年我刚到中国建材集团时就在内部会上提出“国企市营”的概念，后来升级为“央企市营”。

10

在混合所有制改革的过程中，央企也发挥出了特有的政治优势。中国建材集团在混合所有制企业的党建工作经验，先后得到中组部和中宣部肯定。

11

有媒体称我为“混改第一人”“混改的启蒙者”“混改的开拓者”，但我认为，对于混合所有制改革的探索，我们还一直在路上。

12

03 凯盛集团

凯盛集团是把建材集团下属的中建材玻璃公司和蚌埠玻璃设计研究院等企业资源整合起来，在2014年年底成立的一家企业。我的想法是让凯盛集团成为一个新材料、新能源、新玻璃的发展平台。凯盛集团发展迅速，很快成为一个下辖三家上市公司、以一家国家级院所为核心的创新型企业，销售收入超过100亿元，利润达到10亿元。

01

2011年，蚌埠市政府把华光集团划转给蚌埠院。华光集团是上市公司方兴科技的控股公司，蚌埠院则变成方兴科技的实质控股人。重组华光后，蚌埠院把氧化锆和玻璃微珠这两个新材料项目放进上市公司，为企业创造了高额利润。

02

后来，方兴科技用定向增发的方式把深圳国显公司纳入上市公司，并更名为凯盛科技。深圳国显是ITO导电膜的下游企业，主要生产各种液晶模组，每年有十几亿元的销售收入、上亿元的净利润，也是一个隐形冠军。

03

中建材玻璃公司是把洛玻集团和中联玻璃整合起来形成的一个玻璃板块，本来想用整合水泥行业的办法搭建一个浮法玻璃平台，但后来发现整合玻璃行业并非易事。

04

一是玻璃行业进入门槛低；二是河北有一个玻璃生产集散地，成本极低，用低价左右着全国市场；三是玻璃熔窑一个周期就要运行七八年，中间不能停产，这种生产工艺使得企业无法进行生产调节，以至于在施工淡季时，玻璃会堆满库房。 05

于是，中国建材集团迅速调整了发展玻璃业务的思路，重点开发电子薄玻璃和光伏玻璃，由洛玻这家上市公司来负责这类新业务。凯盛集团持有香港上市公司中国玻璃，着眼点是向国内高档浮法玻璃转型和进行海外“一带一路”市场的开拓。 06

凯盛集团也是中国建材集团开展太阳能光伏业务的平台，不仅有碲化镉和铜铟镓硒薄膜太阳能电池业务，还投资太阳能电站和分布式光伏发电站、光伏农业的玻璃大棚等技术，进行现代玻璃产业的市场应用。 07

凯盛集团的总经理彭寿既是科学家又是企业家，还是全国设计大师，获得过“何梁何利基金科学与技术创新奖”，他终日在市场一线奔波，大部分时间都在飞机上度过，凯盛集团的崛起离不开像彭寿这样的干部。 08

04 绿色小镇

我任中国建材集团一把手以来，始终关注着北新房屋的发展。我们做北新房屋的思路最早是从日本人那里学来的，用工厂化生产的方式，为用户提供定制产品，然后由北新房屋施工交钥匙。这种做法适合日本，但并不适合中国，中国很少有人拥有宅基地可以用来定制房屋。而且，如果一个村子都是旧砖房，在里面孤零零地建上一栋北新房屋，也不协调。 01

于是，我们转向旧村改造和新村建设，特别是在城乡接合部建设适合旅游的农家别墅群，我给这种农家别墅群起了一个名字叫“绿色小镇”。这些年北新房屋在全国建设了上百个绿色小镇，对北新房屋的市场推广起到了重大作用。 02

最早的一个绿色小镇建在北京市平谷区，北新房屋采用外保温技术和节能窗，是近乎零能源的房屋，建好后当地农户的反响非常好。 03

为了回报邓小平同志当年对新型建材和新型房屋的支持，在他的家乡四川广安，北新房屋建设了12个绿色小镇。刚开始农民很难接受新事物，觉得新型房屋比传统结构的贵。没想到新型房屋刚一建成就被农户抢购一空，之后价格也翻了一番。 04

住户对北新房屋的反响很好。我常想，中国目前有300亿平方米的农房，它们既不抗震也不环保，农民为我国的改革开放事业做出了很大的贡献，如果他们都能成为绿色小镇的居民该有多好。05

我们为北京市密云区石城镇建设了一座绿色小镇。绿色小镇非常符合城里人既能体验农村生活又有不错居住条件的需求，一下成为火爆的农家乐场所。周围其他村子也开始找北新房屋建造绿色小镇。06

后来，北新房屋又推出地热、光热、光电、风电和沼气五项新能源结合的“加能源5.0房屋”，采取这五项措施后，一栋农房不仅可以实现能源自给，还能发电输送至大电网，获得一份售电的收入。07

2014年10月，我去德国洽谈加能源房屋业务时，正值李克强总理访问德国。作为企业家代表，我受邀参加了两国总理的午餐会。我与两位总理合影时，李克强总理的位置正好居中间，但他却说“咱们女士优先”，让默克尔总理站中间。08

中国要实现伟大复兴的“中国梦”，要成功实施“一带一路”倡议，要赢得他国的尊重、理解和信任，要和全世界人民交朋友，李克强同志作为一个大国总理，他的友好谦逊给在场所有人留下了深刻印象，也为我们做出了榜样。 09

如今，在“一带一路”的号召下，加能源绿色小镇已走向海外，中国建材在英国、西班牙、智利、厄瓜多尔等国家承接了不少项目，当地人把这种加能源房屋称为Smart House（智慧房屋）。 10

05 巴黎气候大会

1972年，欧洲高级智库“罗马俱乐部”提出必须按照可持续发展模式发展经济，否则我们的资源和能源将会枯竭。2015年12月，在巴黎召开的第21届联合国气候变化大会上，各国达成一致通过《巴黎协定》。建材在建筑节能方面是一个重要产业，但在建材生产过程中又有大量二氧化碳排放。中国建材集团作为全球最大的建材制造商，在应对气候变化方面也应该承担更多责任。 01

1962年美国女作家蕾切尔·卡森第一次把“环境”这个概念带入人们的视野，她所写的《寂静的春天》一书，讲述了原本鸟语花香的春天，却因为环境污染变得一片寂静。 02

其实最大的风险来自二氧化碳排放导致的全球变暖。在人类社会的总能耗中建筑能耗约占46%，其中通过窗户散发的能耗又约占48%，所以我们致力于推广节能墙体材料和节能窗，来减少二氧化碳排放。 03

发展新型建材可节约红砖，仅这一项每年就减少二氧化碳排放3000万吨。我国工业二氧化碳总排放量中，水泥约占10%。如果我国都使用72.5标号水泥，就可以减少40%的二氧化碳排放量，这对于像我们这样的水泥大国来说，具有重大的战略意义。 04

在第21届联合国气候变化大会上，国家主席习近平出席开幕式并发表《携手构建合作共赢、公平合理的气候变化治理机制》的重要讲话。超过190个国家和地区签署了拯救人类未来的《巴黎协定》。大会设有多个展馆和分会场。 05

我应中国发改委应对气候变化司的邀请参加会议，并在分会场“中国角”做了两场演讲，在欧洲分会场“蓝角”做了一场演讲，主要是让全世界了解中国企业在应对气候变化方面所做的努力。 06

会议期间，我荣获中国政府颁发的“今日创新变革奖”，并接受了中央电视台的采访，还和中国气候变化事务特别代表解振华同志进行了交谈。

07

那次参加气候大会还有一点让我感触颇深，外国企业家参加国际论坛，在演讲时往往能紧扣主题去阐述自己的观点；而我国企业家演讲主题往往拘泥于自己的企业，甚至主要在为企业和产品做宣传，这是我们今后参加国际论坛需要提高的。

08

06 布道者

我的管理方式则是布道式的。自己先悟道，再清楚地告诉大家该往哪里走，为什么这么走。在集团月度会、半年会、年会及子企业的重要会议上，我会反复讲解经济形势、行业走势、企业文化等，为的就是统一上上下下的思想。抽时间与社会沟通，介绍企业发展的故事，总结经营管理的经验教训，也是企业家的重要责任。

01

多年来，我就像企业里的老师，在当北新厂厂长时常站在车间里给大家讲话，工人们说：“再复杂的事经宋厂长一讲准能明白。”到了中国建材集团也是如此。

02

其实我的很多知识都是从书籍上获取的。每天晚上我都习惯靠在床头读书，我的床是太太专门为我定制的，床头的高度可以调节，让我靠上去能舒服点儿。我的床边有一个塑料编织筐，里边放着20多本我精选的书，看完一批书后再换一批。 03

因为偏爱读书的缘故，2016年8月，我受邀参加了一个叫作《总裁读书会》的电视节目。节目组对我的读书方式产生了浓厚兴趣，专门跑到我家把床头的书筐拍了下来，说我是论筐读书的人。 04

节目组到公司进行拍摄时，对中国建材集团每层楼的开放式读书角很感兴趣。我一直主张做企业要多读书，每年也会给总部干部们推荐两三本书。节目中，除了讲述读书文化外，我还应邀进行诗朗诵，即兴背诵了徐志摩的《再别康桥》。 05

节目中，我还向大家推荐彼得•德鲁克的《创新与企业家精神》。该书虽然已经出版多年，但对中国的“双创”有很大的参考价值。我读书时在重要章节都画上标记，在空白处写下自己的观点。我读过好多遍后，甚至有些段落可以背下来。 06

那期节目录完仅半年，节目组又找我，让我再去讲一次。恰巧我刚读完赫尔曼·西蒙的《隐形冠军》，节目中，我又与观众分享了这本书中的内容及我的观点。

07

两次节目现场还算轻松，与观众的互动也很热烈，后来我得知，很多观众都是购票去的，其中有不少我的“粉丝”。那两场节目，除了北京电视台外，在上海电视台、中国教育电视台等不少电视台相继播出，网上视频点播量超过100万次。

08

无论是之前的中新集团债务重组，还是之后的国药集团市场整合，在面对一无所知的领域时，我都是从书中获得启发。尤其刚去国药时，2009年国庆节长假我哪儿都没去，在家读完了8本相关书籍，才了解到医疗行业的相关状况。

09

我一直崇尚日本的品质向上的理念，在盛田昭夫写的《日本制造》中读到如何把品质保障工作变为企业文化。于是在建材工作中，我一贯重视质量和品牌建设，质量管理工作成绩突出。

10

在2013年中国制造业自主品牌排行中，中国建材位列行业第一名！2015年，世界品牌实验室推出的“中国500最具价值品牌”排行榜中，我们也位列行业第一！中国质量协会给我颁发了“全国质量奖个人奖”。 11

2015年9月，我在中国台北举行的亚洲质量大会上，荣获了为表彰对亚洲质量管理做出杰出贡献的个人而设的“石川馨一狩野奖”。会议期间，我向与会代表介绍了中国企业在推动质量提升方面所做的工作。 12

除了读书外，我也会结合亲身体会把企业的战略思路和经营理念整理成书，为大家详细解读实践得来的经验，激发深度思考。对内希望帮助干部员工凝聚共识，对外则是希望能为企业界的同人提供一些启示和借鉴。 13

我担任全国MBA教育指导委员会的委员，主张商学院教学要理论结合实际。学院里的教授很多，很高的理论层面的课程也多，但有实践经验的企业家稀缺，所以我们常去讲些实实在在的案例和经验体会，这种讲课方式深受学员们的欢迎。 14

我还担任了国资委所属大连高级经理学院的教授，差不多每个季度去讲一次课。2016年因领导推荐，我去上海国际会议中心进行一次关于创新的演讲。那次竟有4000多名年轻创业者到场，年青一代的学习热情让我印象很深。 15

许多人问我做成两个世界500强企业靠的是什么，我认为是读书。我希望企业里能有更多的人加入读书的行列，更希望读书能成为全民行动，让我们国家人均每年不到1本的阅读量得到提升，赶超世界第一的以色列年人均64本的阅读量。 16

07 两材重组

中国建材集团和中国中材集团两家企业都是国家建材局撤销时组建的，那时分别叫中国新型建筑材料集团和中国非金属矿集团，简称中新集团和中非集团。起初两家企业规模都不大，但经过发展都成长为大型建材企业。开始时，建材集团偏重于建材的生产制造，而中材集团偏重于建材的工程设备安装，但两家企业在发展过程中业务渐趋于同质化，相互间常有竞争。 01

从2015年开始，以南车和北车合并为中车为代表，央企开始了新一轮合并潮。2016年，包括中国建材集团和中国中材集团在内，共有5对10家央企进行了合并。 02

2012年，国资委领导对我说两个集团应该合并，但时机不成熟。2014年，国务院领导在视察中国建材研究总院时又叮嘱我做工作推动两个集团的重组。2015年，重组的趋势更加明朗化，国资委领导正式要求尽快实现两家企业的重组。 03

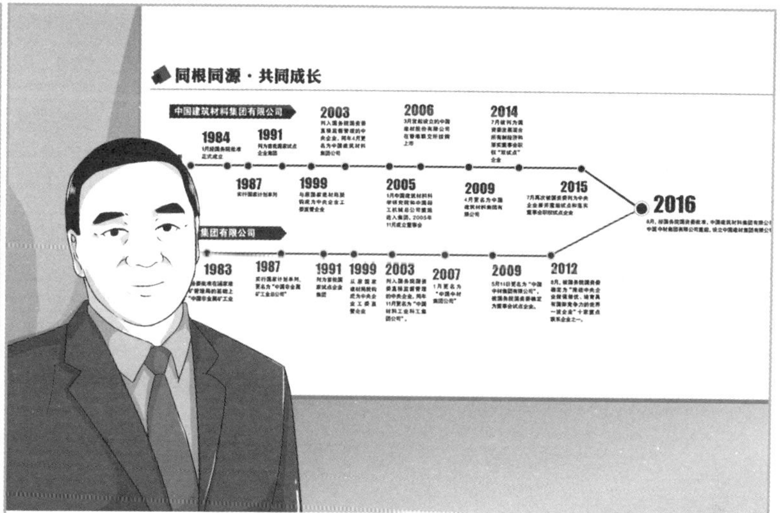

中国建材集团和中国中材集团的合并有一定难度：一是两家企业分开经营16年，因为竞争难免有些矛盾；二是两家企业规模都很大，涉及大量人员的安排问题。但大家心里也都知道，现在是两家公司合并的最佳时期。 04

我和中材集团的董事长刘志江同志多次深谈后，制订了详细的重组方案并向国资委领导汇报。由于两家企业各有多家上市公司，我和刘志江商定第一时间就让上市公司发布公告。媒体称之为“两材重组”。 05

经国务院批准，国资委决定于2016年8月26日在建材集团召开重组大会，宣布新的中国建材集团成立以及新领导班子的任命。新公司成立那天，国资委相关领导出席成立大会，并做重要讲话。 06

国资委正式宣布了我任董事长、党委副书记，刘志江任党委书记、副董事长，曹江林任总经理的任命。通过大家的努力，终于实现两材重组。这既是央企改革的一件大事，也是建材行业的一件大事，还是中国建材发展史上的一个里程碑。 07

在两材重组过程中，两家企业的干部表现出高度的责任感和大局观，在新的董事会建设、领导班子分工、部门机构设置和干部安排、二级单位重组整合等方面，都实现了无缝对接，受到国资委领导的表扬。 08

两材重组后，一方面要梳理组织机构，另一方面要重新制定发展战略和企业规划，还要进行深度的业务整合。我提出集团要进行六大整合，通过整合提高集团的合力和竞争力。 09

合并后不能是简单地把土豆、萝卜、白菜装在一个麻袋里，而是要做成一锅好菜，合并应该是“1+1＞2”。中国建材集团现有业务几乎涵盖建材行业的所有门类。随着我国经济步入新常态，企业也必须进行转型升级。 10

在业务规模层面

水泥、商混、石膏板、玻纤、风电叶片、水泥玻璃工程服务位列世界第一

在资本运作层面

庞大的上市公司群

13家控股的上市公司，20家参股的上市公司

在创新层面

3.8万名科技研发人员，超过1.1万个技术专利

在国际业务层面

上百家海外机构，业务覆盖全球各地

两材重组也给业界带来了巨大影响，一些国际行业巨头纷纷拜访新集团，各大银行也给予新集团共计约5000亿元的授信额度。可以自豪地说，新中国建材集团已经成为名副其实的全球建材领军企业，牢牢占据全球建材技术领域的制高点。现在我们又开始了“从大到伟大”的新征程。“从大到伟大”这个概念出自北大光华管理学院院长刘俏，他认为中国大企业很多，但堪称伟大的企业还很稀缺，他说的“伟大”指企业不仅要有规模，也要业绩突出，还要可持续发展。中国建材集团正全力实现这个转变。

11

08 国检上市

国检集团的全称是中国建材检验认证集团股份有限公司，是由原来建材总院的一家测试所发展起来的。中国建材总院控股的国检集团于2016年11月9日在上交所挂牌上市，成为两材重组后中国建材集团一家新的上市公司。上市那天，中国建材联合会和中国建材集团不少领导都去上交所参加了挂牌仪式。

01

建材联合会乔龙德会长等领导发表了讲话，我和中国国家认证许可监督委员会的许增德副主任共同敲钟。国检集团上市后很受股民欢迎，连续出现15个涨停板，股价最高时为每股52.47元。

02

2005年年初，中国建材集团与建材院、中国轻机重组后，姚燕给我介绍了这家测试所的情况，我觉得这是一项好业务。中国的建材行业市场这么大，如果能做成一家覆盖全国的建材检测认证企业该有多好。

03

中国轻机下面刚好有个“国字号”的对外公司，我就说服姚燕把这两个公司重组在一起，更名为中国建筑材料检验认证中心，英文缩写为CTC。

04

国检集团发展很快，迅速整合了集团院所的检测资源，还在全国设立分支机构，把检验认证从建材检验扩展到建筑、环保、太阳能、公共场所等多个领域。其稳定快速的发展得益于马振珠总经理，他是一个做事的痴迷者，而且为人热情谦恭。 05

国检集团的迅速成长产生很大的资金需求，我指导其在2009年进行股改，吸引投资人为日后上市做准备。国检集团在2016年成功上市。我又给国检集团的管理层提出了新要求，就是国检集团要“走出去”，成为国际化的检验认证机构。 06

09 “一带一路”

2017年5月，“一带一路”国际合作高峰论坛在北京召开，近30位国家元首、100多个政府组织代表和许多跨国公司领导共2000多人参加了会议。在开幕式上，习近平主席发表了重要演讲，我们几个央企领导者也受邀参加了开幕式。

01

会议期间，我接受了人民网记者的采访，介绍了中国建材集团在“一带一路”沿线的合作进展情况和下一步的发展思路。

02

记者问我对习近平主席演讲最大的感受是什么，我讲了三点：一是无比豪迈，中华民族在丝绸之路上延续上千年和沿线国家通商，促进了丝绸之路的经济繁荣，此次峰会既有历史的回响，也是我们今天国家的尊荣；二是习近平主席提出的丝路精神，即和平合作、开放包容、互学互鉴、互利共赢，既博大精深，也是我们的行动指南；三是“一带一路”是国家搭台、企业唱戏，习近平主席的讲话极大地鼓舞了中国企业家“走出去”的决心和信心，让人心潮澎湃，热血沸腾。 03

这几年，中国建材集团先后在南非、埃及、坦桑尼亚、赞比亚、泰国、越南、蒙古国、哈萨克斯坦等国投资建厂，也在美国、英国、德国、西班牙、葡萄牙等发达国家进行投资和收购活动。 04

两材重组后，企业实力大增，我们把市场开拓的重点由国内转移到“一带一路”的沿线国家和地区上来，充分利用两个市场、两种资源把中国建材集团打造成世界一流的建材跨国集团。 05

“一带一路”高峰论谈开完不久，我就去澳门参加央企支持澳门中葡平台建设高峰会，开会地点设在澳门最大的威尼斯人酒店。我在论坛上介绍说威尼斯人酒店的水泥、石膏板、轻钢龙骨和岩棉全部是由中国建材供应的，台下响起一片掌声。 06

会后我陪同郝鹏书记视察了中国建材澳门水泥厂。澳门水泥厂作为澳门为数不多的重工业企业，在澳门回归后抓住经济腾飞的机遇，不断发展壮大，之后还会有很多建设项目陆续推出，将一如既往地在澳门经济建设中发挥不可或缺的作用。 07

从澳门回来当天，我又马不停蹄地赶去赞比亚的首都卢萨卡，中国建材集团在那里正在建设一个总投资5亿美元的综合性建材工业园，包含水泥厂、砖厂、轻质建筑板材厂等。

08

我们的工业园离卢萨卡只有20公里，占地6000多亩（约4平方千米），现场施工工人有1000多名，整个工地热火朝天。我用了整整一天时间在现场查看、听取汇报并研究工业园的进一步建设问题，和干部职工们吃完晚饭后，离开工地时已是晚上十点多了。 09

赞比亚是非洲中南部的内陆国家，人口1000多万，官方语言是英语，开国总统是卡翁达，他是中国人民的老朋友，经常参加中国大使馆的一些活动。现任总统伦古对中国也十分友好。 10

赞比亚的部分土地归当地酋长所有，像卢萨卡的土地是归恩哥·曼莎二世酋长所有。曼莎酋长曾担任政府的部长，她很热情地会见了我，对中国建材集团帮助当地发展工业和培训工人感到很高兴，并表示我们对土地的需求她会给予大力支持。 11

我在赞比亚期间适逢国务委员王勇访赞，王勇同志不辞辛苦地来到我们的工地，听取汇报，查看项目进展，希望我们为中非合作、中赞合作做出贡献。王勇同志还要求大家注意安全生产，遵守当地法律，弘扬“真实亲诚”的文化。 12

项目动工前，我们先投入150万美元为当地建设起一家医院和一所小学，我还陪王勇同志去学校，给170名学生每人赠送1个书包，并赠给学校10个足球，孩子们很高兴，合唱了首表达“手挽手，心连心，我们和中国建材一家人”的歌曲。 13

站在广袤的大地上，我不禁浮想联翩。非洲是一片神奇又饱经磨难的土地，而今它注定要焕发勃勃生机。我们中资公司带着资金和技术，带着真诚和友谊建设非洲，这或许是对10万年前那场大迁徙的回归吧！我们终究要建设这片遥远而古老的土地。 14

随后我陪同黄丹华一行到中国建材巨石埃及公司实地调研考察，她肯定巨石埃及公司在一片沙漠里建设并发展起来，取得的成绩令人振奋，强调中国企业不仅要有在国外建厂的能力，更要有运营的能力，能够实现效益。 15

10 引领世界水泥

中国建材以先进技术和优势产能支持全球建设，在全球75个国家建设了325条水泥线，国际市场占有率达65%。凭借中国建材水泥业务规模世界第一和水泥工程服务在全球的市场占有率，我在英国伦敦世界水泥协会成立大会上，被全票推选为创始主席。

01

世界水泥协会由分布在33个国家的59个成员共同发起成立。2017年12月，在英国伦敦世界水泥协会成立大会上，我全票当选创始主席，成为我国大型基础性工业领域首位当选世界级行业协会主席的企业家。我们正在走向世界舞台的中央。 02

我在创始主席就任演讲中谈道，中国从20世纪70年代末改革开放至今，经历了一场伟大的、波澜壮阔的经济变革。作为国民经济基础原材料行业，水泥行业也发生了翻天覆地的变化，成就了一系列的优秀企业。 03

中国建材连续十一年保持全球水泥工程市场占有率第一，是世界最大的水泥制造和综合服务商。中国建材主动适应中国经济结构调整和水泥“平台期”的到来，深入推进中国水泥行业的供给侧结构性改革，多方面推动水泥行业的绿色健康发展。 04

与会各国成员纷纷对中国建材这些年取得的成绩表示祝贺，普遍认为中国推行的供给侧结构性改革为中国水泥业健康发展提供了良好的市场环境，而中国水泥行业又为全球水泥行业的发展做出了重大贡献。 05

我听取了协会执委会主任埃米尔的工作汇报，向与会成员表示愿意勠力同心，积极争取包括各国政府及非政府组织在内的各方面的支持，维护行业利益，履行社会责任，共同推动世界水泥工业走向可持续发展的美好未来。 06

会议就全球水泥行业如何迈进新时代、世界水泥重心转移到中国、学习和借鉴中国的供给侧结构性改革政策、关注“一带一路”新兴国家水泥事业的发展、世界水泥协会要成为全球水泥企业和相关组织的一个交流共享的平台等问题达成重要共识。 07

回国后的欢迎仪式上，我介绍了大会的盛况，谈到全球水泥行业都想学习中国的经验。中国供给侧结构性改革工作非常正确，不仅推动经济发展稳中有进，也为解决全球市场过剩问题找到了一条新道路，为全世界做出了重大贡献。 08

2018年6月，作为世界水泥协会主席，我在法国巴黎召开的世界水泥协会全球气候变化论坛上发表演讲，呼吁全球水泥行业、企业领导者和利益相关方要自觉采取行动，积极应对气候变化问题。 09

2018年8月，我陪同郝鹏书记到成都建材院埃及GOE六条水泥线项目现场调研指导工作。这条线被誉为世界水泥王国的“金字塔”，它的建设展现了中国速度、中国质量，为当地经济发展做出了突出贡献，为推动中埃经贸合作发挥了积极作用。 10

11 终生成就奖

《财富》杂志每年评选出50名“最具成长力的商界领袖”、1名“中国商人”。2018年度又设立“CEO终生成就奖”，用于奖励长期以来担任企业领导工作的世界500强企业的CEO。

01

该奖项评选标准极为严苛，参评人必须是世界500强企业中有30年以上管理经验的在任董事长或CEO，具有带领企业成长发展方面的优良业绩，具有地区性的扩张经验，具有改变行业结构、创新盈利模式等推动行业变革的业绩，还要是所属行业的意见领袖。

02

2018年9月，年度企业高管论坛“财富CEO峰会”在中国太原市召开，我获得首次推出的“《财富》CEO终生成就奖”。

03

我在获奖感言中讲道：“这个奖项的意义在于鼓励企业家，把企业作为终生事业。做企业不是人生的跳板，而是毕生的追求！”这个奖其实是奖给很多把一生都献给了企业的企业家们。

04

谈到企业家精神，我讲了“创新、坚守、责任”这三个词。中国经历40年的改革开放，从高速增长阶段迈向高质量发展阶段，越来越多的企业在进入世界500强之后，瞄准了世界一流的新目标。我相信，中国企业一定会有更加辉煌的未来，一定能够为构建人类命运共同体做出更重大的贡献。

05

12 改革开放40年

2018年是中国改革开放40周年，政府和社会上举办了很多庆祝活动。改革开放40年也是我坚守企业的40年，作为亲历者和实践者，我始终奋战在改革发展最前沿，中国建材的企业发展改革历程，也成为中国国有企业改革突破的典型。一些机构和媒体评选了改革开放40年人物，我也屡获改革开放40年相关殊荣。

01

在国资委新闻中心《国资报告》杂志主办，联合新浪财经面向社会公众发起的“改革开放40年来突出贡献人物”征集活动中，我获评“国有企业家致敬奖”，2019年1月在《国资报告》年会上获颁奖牌。

02

在《中国故事》全球传播理事会等40家社会机构、媒体、组织联合推出的“致敬改革开放40年40人”评选中，我与袁隆平、屠呦呦等人被评为“中国最具影响力十大创新人物”。 03

中央党校《学习时报》《经济日报》《国资报告》和经济观察网等媒体从企业思想家、国企改革的守望者等不同角度，回顾了我40年的企业生涯，40年锐意改革攻坚的事迹。我也对为什么我能够获得这些殊荣，进行了思考。 04

改革开放的40年，正是中国建材行业蓬勃发展、快速成长的40年。从引进技术到“走出去”，从企业改革上市到行业重组，从跟随创新到引领创新，从世界500强到世界一流，中国建材高歌猛进的崛起过程折射出中国改革开放的伟大进程。 05

作为一名亲历40年改革开放的过来人，我有许多感慨，决定把它写出来：改革不像田园诗般浪漫，改革从来是被倒逼的——记录改革心得的《改革心路》；一路问道而来，纵论改革的真诚对话——汇编成聚焦改革难题的《问道改革》。 06

我也是想用这两本书，向改革开放40年致敬。记录自己的实践成果，汇集对探索国企改革的新路径的思问，将积累的经营心得和思考成果分享传递给社会各界，为中国企业的经营管理和国有企业的改革创新，提供一点参考，增加一份理解。 07

中国的改革开放是波澜壮阔的，一家企业、一个人的经历只是一朵小小的浪花，这些浪花既汇集成勇猛巨浪，也被波涛推动或淹没。但这小小的浪花却又是我们的全部，映射出我们的奋斗和付出、我们的喜悦和痛苦、我们的光荣与梦想。 08

13 一封家书

随着中国建材走向世界舞台的中央，这几年我出国次数也逐年增多。为提高效率，我常常在十多个小时的国际航班上写作。在结束西班牙高访活动，从马德里飞回北京的航班上，我应《中国企业家》杂志邀请给家人写了一封信，用于在中国企业领袖年会上朗诵。我选择写给我的爱人，提起笔来，40年的往事，一时涌上心头，历历在目。每当我回首往事时，最先想到的是我的爱人。 01

1979年，我毕业分到北京后，我们就开始两地分居。一年她来探亲，住的活动板房漏雨无处可躲，我第一次见她落泪。1983年，她带着一岁多的女儿调来北京，我们和别人合住，我觉得委屈了她，她却欣喜地说："我们终于有了属于自己的家！" 02

接下来我做销售工作10年，大半时间都出差在外。有一次归来，推门见她正在炒菜，站不稳的女儿抱着她的腿相依一起。我难过地一下子蹲了下来，她却说：“快去亲亲爸爸，让爸爸抱抱！”

03

1993年年初我当了厂长，工厂揭不开锅，想让职工集资启动生产，她拿出从14岁工作到结婚时的全部积蓄1万元，对我说：“拿去吧，知道你工厂着急用钱。”

04

还记得国企三年脱困时，要求下岗550名员工，望着长长的名单，她劝我：“一个职工关系一个家，尽量别让职工下岗。”我想方设法做了多方工作，最后整个企业无一人下岗。

05

2006年企业在香港上市前后，我常去海外路演，女儿在外读书，一家三口天各一方，有次中秋节用越洋电话互致问候，她说在外边安全第一，身体一定要好好的。但愿人长久，千里共婵娟。

06

我获评“影响改革开放进程的企业领袖”，我们全家都非常高兴，晚上一起散步时，我对她说：“这么多年你为我的工作和这个家付出了太多，牺牲了太多。”她说只要我能开开心心工作，比什么都好。

07

家庭的温暖对任何一个人来说都是最坚强的支撑。每位企业家背后都站着我们的家人，每位企业家的成功都是我们家人的付出史。在飞机上，我把这些写进《致爱人，最先想到的是你》，并将其献给所有为企业家默默付出的家人们。

08

14 再赴达沃斯论坛

22年前第一次参加达沃斯论坛时，参会的中国人很少，而2019年1月再赴达沃斯，中国参会人员近300人，可谓盛况空前。这次几乎每个论坛都有中国嘉宾，每个议题都事关中国，我们的来意就是要讲好中国故事。今天，中国经济已经成为达沃斯的主要话题。

01

我第二次来到美丽的小镇达沃斯，距离施瓦布先生1987年开创了举世闻名的达沃斯世界经济论坛已经30多年了。2017年习近平主席在这里发表了《共担时代责任 共促全球发展》的主题演讲，为全球发展贡献了中国方案。

02

2019年论坛主题是“全球化4.0：打造第四次工业革命时代的全球结构”。第四次工业革命的来临，正在重塑全球的产业结构和经济结构；中国经济的强劲发展也有一个全球适应的过程，也需要大家集中智慧规划全球化的新规则。 03

大家普遍关注中国的发展速度，担心中国经济失速带给世界的影响。王岐山的致辞表示，中国经济会持续稳中向好，不仅要注重速度，更要重视质量，中国人将“达己达人，天下为公”的传统文化作为推动全球化的价值理念。 04

在国资委领导带领下，11位央企领导者在分论坛上发言，讲述中国企业的故事，提出中国企业对全球化4.0的建议和思考，受到了与会代表的欢迎。 05

短短三天，我参加了各种论坛12场。中央电视台还现场做了一期《对话》节目，呈现原汁原味的讨论实况。我们几位嘉宾在台上轮流答问。我的主要观点是，全球化是方向，全球化的核心是自由贸易，任何人也挡不住。 06

我介绍了中国建材集团的全球化路线图，将积极融入全球价值链、开展全球采购、和跨国公司联合开发第三方市场、在“一带一路”倡议下与当地企业合作。我主张全球化应是“你中有我、我中有你”，彼此将心比心、相互照顾。07

合作应该是双向的。现在每次论坛大都是别人提问题我们回答，我们的人也总不好意思提问题，怕影响关系，可是不提问题对方怎能知道我们的真实想法。

08

我提出要对中资企业一视同仁。中资企业收购经营困难的欧洲企业，经常被以高科技为由，审来审去。归根结底，还要尊重企业意愿，尊重市场规律。

09

这次论坛，让我高兴的是和几家大的跨国公司领导见了面，分别和三家企业签了约。我在达沃斯看到了友好合作、互利共赢的情景。雪中的达沃斯看似宁静，但思想的火花划过了时空。中国的企业家们正在走向世界，影响世界。10

15 再获“十大经济年度人物”

2019年1月，我当选新浪财经、《人民日报》等联合评选的“2018十大经济年度人物”。我在2012年获得过中央电视台财经频道评选的“中国经济年度人物”，这是时隔七年再次获评经济年度人物。这个奖意在颁给行业佼佼者，获奖者或代表着一家优秀企业的诞生，或代表着一种新的商业生态的形成，或代表着行业重塑。

01

我获奖的主要原因是曾带领两家企业进入世界500强行列，带领中国建材几乎从零起步做到世界领军企业，2018年创集团历史最好经营业绩，拥有七项全球规模第一，用实践证明“央企实力+民企活力=企业竞争力”。

02

我在企业40年，见证和参与了国企改革的全过程。刚到北新厂时，我不曾想过会成为一名企业家，更不曾想过能把两个企业带入世界500强，更没想过会获得这个奖。正是这个改革开放的伟大时代，使这些不可能成为可能。

03

我觉得在企业里最重要的就是坚持和责任，“不忘初心”。一个企业家最应该坚守的品质就是我们对企业的那份责任。我信奉一生做好一件事，一分耕耘一分收获。

04

企业家要始终站在桅杆上眺望远方。进入2019年，我们的形势是稳中有变、变中有忧，在这个变和忧的时刻，我觉得最需要的是企业家精神、担当和引领。

05

我理解的企业家是那种对成功充满渴望的人，是面对困难百折不挠的人，是甘于奉献的人，是勇往直前的人，我觉得这就是我们需要的企业家精神。

06

16 十年之约

2019年3月，我作为世界水泥协会主席访美，先到华盛顿，围绕水泥行业减排的主题与世界银行的官员们进行了交流，然后应哈佛大学商学院和麻省理工学院（MIT）校方的邀请，来到波士顿，踏着瑞雪，为哈佛大学商学院的同学们进行了案例演讲，并访问了麻省理工学院的机械工程系、媒体实验室和MIT全球产业联盟等机构。

01

我应世界银行、国际金融公司、多边投资担保机构三方邀请，出席“能源及新气候经济：难以转型行业”论坛，并发表“世界水泥工业致力于寻求低碳发展路径”的主题演讲。

02

演讲中，我介绍了世界水泥协会的情况、中国建材集团“一带一路”国际化相关领域合作情况，以及减碳行动措施，同时呼吁水泥行业全面进行减碳化生产，减少温室气体排放，有效应对气候变化对环境的挑战。 03

论坛结束后，我便赶往波士顿的哈佛大学商学院。哈佛大学拥有300多年历史，是世界上最古老、最著名的大学之一。哈佛大学商学院是世界上顶尖的商学院，是世界著名的培养企业人才的学府，首创了MBA学位和案例教学法。 04

十年前，哈佛大学商学院的鲍沃教授在来华调研后，曾多次邀请我作为嘉宾来这里进行实地演讲。此次哈佛演讲成行，也满足了鲍沃教授一个长期的心愿。 05

整场报告座无虚席，气氛轻松活跃，学员反响热烈。鲍沃教授向我赠送了哈佛大学的棒球帽和纪念册，希望我还能再来哈佛大学交流，分享更广泛的企业经营心得，讲述更多精彩纷呈的企业故事，让越来越多的人了解中国企业的发展历程。 06

麻省理工学院是我本次访问的最重要一站。当我们走进主教学楼时，看到几个条幅：Education（教育）、Innovation（创新）、Research（探索）、Passion（激情），我深深理解了麻省理工学院这个名校成功的源泉。 07

没想到麻省理工学院作为世界顶级名校（不像我们的大学动辄数千名教工、上万名本科学生），只有1000多名教工、4000多名本科生，这样可以更加专注地进行教育和创新。这也颠覆了我多年来对大学规模的看法。 08

我也得知，麻省理工学院正在筹备第6个学院，这个学院的业务方向定位于数字智能化，培养既精通智能化技术、又精通某门专业技术的双料复合型人才，学校耗资8亿美元的纳米试验楼也建设完成，麻省理工学院还在与时俱进发生着变化。 09

麻省理工学院为美国乃至世界培养了一批批顶尖的人才，做出了很多的创新和贡献，这不就是大学的宗旨和精神吗？他们和我们在教学和培养方面最大的区别是什么？我们的产学研合作创新应向他们学些什么？这是我看麻省理工学院后留下的思考。 10

17 创新之旅

以色列无论是芯片技术、生物技术，还是国防和智能化等前沿技术均走在了世界前列，尤其在年轻人创新创业方面更是让人刮目相看。近年来，索尔·辛格的《创业的国度》在中国翻译出版后，在年轻读者中反响很大，大家都在问：以色列是怎样做到的？为什么是以色列？这些也是我的疑问。

01

2019年6月，我和几位集团的同事去以色列签约了两个项目，但我真正的想法是希望借这次机会对以色列企业创新一探究竟，同时也希望能与以色列企业进行深度合作。我们访问的第一站是历史悠久的希伯来大学。 02

老校长、物理学家Hanoch Gutfreund亲自在爱因斯坦博物馆接待我们。该馆只有30平方米左右，屋内两边都是书柜，满满的藏书，全是爱因斯坦的私藏。老校长取出爱因斯坦《相对论》手稿原件向我们展示，上面的笔迹都是一丝不苟、工工整整的。 03

爱因斯坦曾说：“我自己并没有什么特别的，只是充满了一种好奇心而已。”这就是创新的精髓！在教育中，我们不能总让孩子们循规蹈矩，不越雷池，也要充分鼓励他们保持好奇心，这将有利于未来创新人才的培养。 04

我们访问的几所以色列大学，都会充分鼓励学生们创新创业的积极性，他们称之为“Dream Big（放飞梦想）”。这些大学和研究所都有自己的专业孵化器，创业老师、学生入驻后，进行商业化的鉴别小筛选孵化，并帮助他们找到天使投资。 05

以色列把创业叫“Start Up”，是指找到创新的种子，并且把它变成小苗的过程。众多年轻人的创新创业成为以色列创新力量的源泉。这次考察中让人感叹的是，无论哪家大学和科技机构，都可以列出他们有多少“改变世界”的关键技术！ 06

我们受邀参观了全球领先的智能滴灌和微灌解决方案提供商——耐特菲姆公司。以色列是个缺水的国家，但现在以色列的城市、农村，目之所及，处处绿意盎然，这要归功于以色列的滴灌技术。 07

许多新产品在魏茨曼研究所和佩雷斯创新中心诞生，其中很多被美国收购，做成大产业。佩雷斯创新中心被称为“仅次于硅谷的创业圣地”，每年有数十家创新企业被谷歌等高科技公司收购。选择这种发展模式，和以色列的客观情况有关。 08

以色列人受客观因素影响，擅长创业但不善于把企业做大，以色列的短处，正是中国的长处。也就是说，我们不需要邯郸学步，完全去模仿以色列，我们可以在创新创业的同时，着力于把企业做大做强，走出一条自己的创新创业之路。 09

这次到访以色列，《创业的国度》的作者辛格专程和我见面。以色列如此“弹丸”小国，如何能够崛起成为一个创新的国度，并为我们带来哪些启示？犹太人的文化里是否已经存在创新的基因？ 10

他告诉我，2000多年的流浪史让犹太人不能安于现状，需要不断探索、创新。不过，聪明的犹太人个人观点多，但太多的争论和质疑对把公司做大很不利，而这正是中国的强项。每一个国家都有自己的强项和弱项，不必改变文化传统，应扬长避短。 11

在我看来，两者如果能结合，也是一个好的选择。辛格对此完全同意，表示如果以色列的创新能够与中国市场有效地结合到一起将会很有潜力。 12

通过这次访问，我对以色列创新的原因有了深入的理解。平等、宽容失败和独立思考是以色列创新活力的重要源泉。“胡茨巴（Chutzpah）”一词源于希伯来语，大意为“百折不饶地往前推进，不管路上一切障碍的大胆品质”。 13

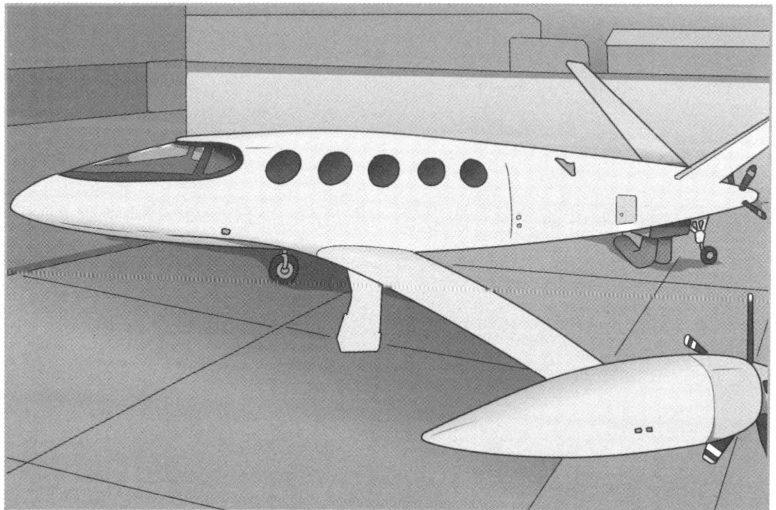

受“胡茨巴”精神影响，以色列理工学院的两个学生大胆地颠覆现有的思路，克服万难，在巴黎航展上展示了只用电池驱动的小型飞机。我们应该思考：如果在中国，我们应该给他们怎样的创业环境，才可以造出一架新飞机？ 14

以色列自由的“Dream Big”产生蓬勃的“Start Up”，再通过无畏的“Chutzpah”去实现，这就是以色列成功的秘诀吧！我思考的另一个问题是央企应该怎样创新和创业，在央企里面能否做出很多“Start Up”。 15

和以色列一样，中华民族也是一个怀揣梦想的民族，我们面临转型发展，也有不少忧患，但梦想、勇气、创新和永不放弃才能使我们浴火重生。 16

这次以色列的创新之行让我思绪万千。从特拉维夫飞回北京的途中，我不禁回想起过去四十年做企业的历程，之中也有不少风浪，但我始终痴心不改，信奉一生做好一件事。很多人问我，如果人生让我再选择一次我还会做国企吗。我的回答是，以我的性格和价值观，我还是会走同样一条人生道路。